海南省博物馆历年文物征集与研究

方波 著

江西高校出版社
JIANGXI UNIVERSITIES AND COLLEGES PRESS

图书在版编目(CIP)数据

海南省博物馆历年文物征集与研究/方波著.--南昌:江西高校出版社,2022.1(2022.3 重印)

ISBN 978－7－5762－0097－3

Ⅰ.①海… Ⅱ.①方… Ⅲ.①博物馆—文物—介绍—海南 Ⅳ.①K872.66

中国版本图书馆 CIP 数据核字(2021)第 266016 号

出版发行	江西高校出版社
社　　址	江西省南昌市洪都北大道96号
总编室电话	(0791)88504319
销售电话	(0791)88522516
网　　址	www.juacp.com
印　　刷	天津画中画印刷有限公司
经　　销	全国新华书店
开　　本	700mm×1000mm　1/16
印　　张	11.75
字　　数	170千字
版　　次	2022年1月第1版 2022年3月第2次印刷
书　　号	ISBN 978－7－5762－0097－3
定　　价	68.00元

赣版权登字－07－2021－1595

版权所有　侵权必究

图书若有印装问题,请随时向本社印制部(0791-88513257)退换

前言

　　海南省位于中国的最南端，也是中华文化的交汇之地。伴随着优越的地理环境、富饶的海陆资源，勤劳的海岛人民在漫漫的岁月长河中创造了辉煌的历史篇章。南溟浩瀚的海上丝绸之路，海纳百川的方外封疆，多元融合的闽粤琼韵，香韵悠长的崖香琼脂，华美典雅的降香黄檀，共同绘织成丰富多彩的海岛文化。

　　为了传承和弘扬海岛文化，1984年，海南省博物馆开始筹建。2008年11月15日，海南省博物馆一期建成并开馆。2017年5月18日，海南省博物馆二期全面开馆，成为岛内一座综合性博物馆，也是国家一级博物馆。根据《中华人民共和国文物保护法实施细则》《海南省博物馆文物征集管理办法》《海南省博物馆接受捐赠品管理办法》，建馆13年以来，我馆通过征购、捐赠、划拨、移交等多种途径，共征集到古代历史文物及当代各类工艺品9740件(套)，目前在已定级的器物中，有一级文物51件(套)，二级文物185件(套)，三级文物1109件(套)。各类文物及藏品的征集补充，不仅完善了我馆的文物结构，丰富了我馆的藏品类别，也在一定程度上融入和更新了我馆已建立的展览体系。文物传承历史文化，承载光辉文明，维系民族精神,是加强社会主义精神文明建设的重要载体。

　　海南省文博工作起步较晚,考古专业队伍人员较少,文物研究基础较为薄弱。我馆自建馆以来,通过征购、接收捐赠、考古发掘、划拨、移交等途径征集到各类历史文物及藏品。这些文物及藏品除了部分用于展陈,很大一部分在文物库房保存,不为省内外研究者和公众所知。笔者希望通过对历年征集到的历史文物及藏品进行整理、汇总、分类,通过对相关历史文物及藏品的认知和研究,试图让省内外文博行业工作者及公众对海南省博物馆历年征集到的文物及藏品有一定程度的认知和了解,从而为将来的海南省文博行业征集工作提供一些研究资料和征集思路,这是本书写作的主要目的。

目录 CONTENTS

第一章　海南省博物馆建馆前征集工作回顾 /001

第二章　海南省博物馆开馆后征集工作概述 /019
　　第一节　文物及藏品的征购工作　/019
　　第二节　文物及藏品的捐赠工作　/045
　　第三节　文物及藏品的划拨、移交工作　/067

第三章　海南省博物馆历年征集文物研究 /071
　　第一节　陶瓷类　/071
　　　　一、新石器时代陶器　/072
　　　　二、商周—战国陶瓷　/074
　　　　三、汉代—唐代陶瓷　/076
　　　　四、两宋辽金瓷器　/084
　　　　五、元代—明代瓷器　/092
　　　　六、清代—民国瓷器　/099
　　第二节　杂项类　/113
　　　　一、沉香香具类　/113
　　　　二、金石木质类　/123
　　　　三、古画紫砂类　/140

第三节　民族非遗类　/156
　　一、民族文物　/156
　　二、非遗文物　/166

第四章　结语　/176
　　第一节　海南省博物馆征集工作取得的成绩　/176
　　第二节　海南省博物馆征集工作存在的问题　/177
　　　　一、征集任务繁重艰巨，专业技术人才缺乏　/178
　　　　二、征集目标不明确，征集渠道单一　/178
　　　　三、调研工作不严谨，征集工作流程烦琐　/178
　　　　四、文物征集研究滞后　/179
　　第三节　意见和建议　/179

参考文献　/181

后记　/182

第一章 海南省博物馆建馆前征集工作回顾

1984年8月,海南省博物馆筹建办公室在海口成立。1990年,海南省博物馆筹建办公室更名为海南省博物馆。我馆文物征集工作开展于20世纪90年代中期,1995年至2007年,通过征购、接收捐赠、考古发掘、移交等途径征集到文物及藏品1275件(套)。2008年11月,海南省博物馆正式开馆,专门设立藏品征集部,负责我馆文物及藏品的调研、征购、捐赠、划拨、移交等工作。藏品征集部由相关文博领域的专业技术人员组成,我馆的文物征集工作开始迈入一个新的阶段。

图1-1 海南省博物馆旧址

1984年到2008年11月属于海南省博物馆的筹建期。20世纪90年代中期,我馆的文博工作人员开始从事藏品征集工作,通过征购、接收捐赠、考古发掘、划拨、移交等多种途径征集各类文物及藏品,为海南文博事业的发展做出了突出的贡献。

图 1-2　海南省博物馆筹建办公室

图 1-3　海南省博物馆筹建期工作人员合影

1995年5月,海南村民陈家峰在昌江黎族自治县①十月田食品厂地基、儋州市中和镇七里村地基、儋州市光村镇榕妙水村耕地、海口市长流镇富教村石坊等地分别挖掘出一批古代陶瓷器,我馆工作人员接收到相关消息,第一时间赶赴昌江黎族自治县、儋州等地征集这批出土的古代陶瓷器,共征集到陶罐92

---

① 昌江黎族自治县,海南省直辖自治县,地处海南岛西部,总面积1569平方千米,下辖7镇1乡,东与白沙黎族自治县毗邻,南与乐东黎族自治县接壤,西南与东方市以昌化江为界对峙相望,西北濒临北部湾,东北部隔珠碧江同儋州市相连。

件(套),瓷器16件(套)。这些出土的古代陶瓷器,为研究海南制陶业的发展历史提供了重要的实物参考价值。

1996年1月,我馆征购到中生代恐龙蛋化石5件(套);6月,我馆工作人员接收到我国近代著名书法家祝嘉①家人捐赠的祝嘉书法作品8幅;12月,我馆工作人员赴昌江黎族自治县七差乡机保村、红峰村、乙在村、大章村、苗村、昂托村、重合村等村落征购到民族民俗文物69件(套),其中包括黎族美孚方言服饰、黎族生产生活工具等。

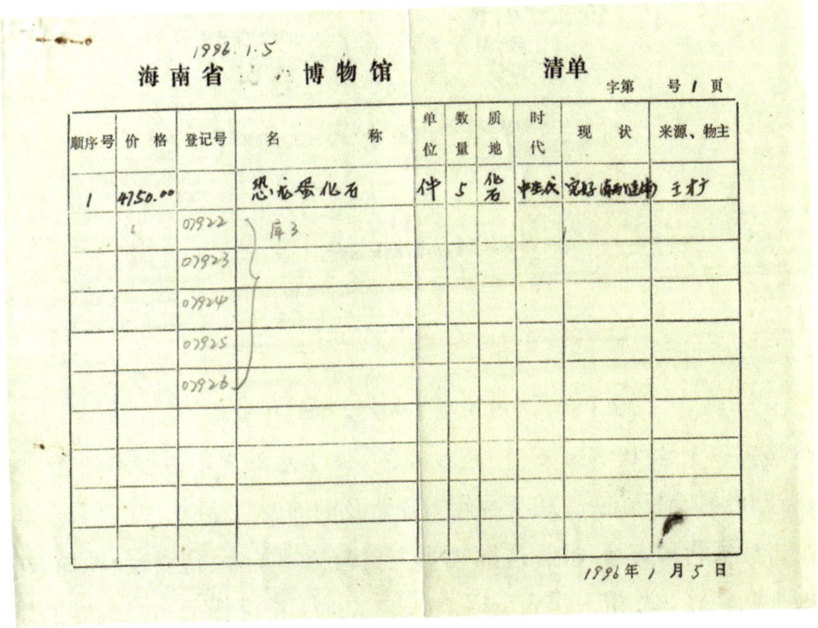
1996.1.5

海南省 博物馆 清单

字第 号 1 页

顺序号	价格	登记号	名称	单位	数量	质地	时代	现状	来源、物主
1	4750.00		恐龙蛋化石	件	5	化石	中生代	完好([illegible])	[illegible]
		07922	库3						
		07923							
		07924							
		07925							
		07926							

1996年1月5日

图1-4 中生代恐龙化石征购清单(1996年)

1997年5月,我馆工作人员接收海口市府城干休所老干部林松捐赠的革命文物线毯1件(套);6月2日,郝思德馆长及工作人员赴昌江黎族自治县太坡镇保突村征购古代黎族陶器及制陶工具等文物20件(套),其中包括盛米陶罐、盛水陶罐、蒸饭甑、帘屉、木拍、取火器等文物。

① 祝嘉(1899—1995),字燕秋,海南文昌人,1948年定居苏州,毕生致力于书法事业,是我国著名的书法家、书法理论家和书法教育家。1935年出版了首部著作《书学》,1941年完成我国第一部《书学史》,填补了中国近代书法史学的空白。此后笔耕不辍,一生共撰写书学专著70种计360余万字,是20世纪我国书法碑学理论界继清代阮元、包世臣、康有为之后最重要的碑学大家。

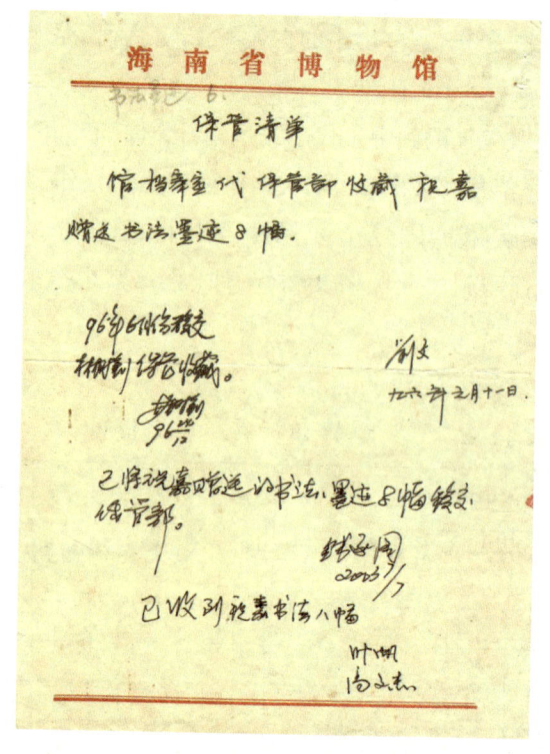

图1-5 祝嘉书法作品保管清单(1998年)

1996年9月至1997年6月，西沙群岛①发生水下文物盗掘事件，海口市公安局迅速开展抓捕行动，查获了古代陶瓷器及铜佛像共计30件(套)，并将查获的这批古代文物移交给我馆，这批文物主要包括鸡首壶、侍女俑、魂瓶、铜造佛像、陶瓷碗、碟等。我馆工作人员对查获的这批文物进行了不同程度的修复和保护工作。

1998年6月，我馆工作人员在海口新港②码头征购到广东省中山市东凤疏浚工程有限公司工程处打捞的铁炮3件(套)，铁炮按照尺寸由工作人员划分为大、中、小3件。大型铁炮和小型铁炮的打捞地点相距约200米。小型铁炮由

---

① 西沙群岛，是中国南海诸岛四大群岛之一，为中国与东南亚及印度洋沿岸各国交流的南海航道要冲，是中国南海陆地面积最大的群岛，由海南省三沙市西沙区管辖，三沙市行政中心在西沙群岛永兴岛。

② 海口新港，是海南岛历史上较早的渔港和商港，坐落于海口市交通便利、风景秀丽的滨海大道世纪大桥旁，是海南水运客运、车渡流量最大的口岸和件杂货运输及集装箱运输的装卸港之一，也是海南省政府定点的"绿色通道"重要口岸。

东凤疏浚工程有限公司工程处在 1995 年 1 月于新港油库码头附近疏航道时在水深 7 米处打捞而出,炮长约 1.46 米,口径约 10.1 厘米,内口径约 8.5 厘米,重约 0.28 吨。中型铁炮由东凤疏浚工程有限公司工程处在 1995 年 5 月于文昌市清澜港疏航道时在水深 7 米处打捞而出,炮长约 2 米,口径约 20.2 厘米,内口径 9 厘米,重约 0.62 吨。大型铁炮由东凤疏浚工程有限公司工程处在 1996 年 7 月于海口市新港码头水深 7 米处打捞而出,炮长约 3 米,口径约 20.6 厘米,内口径约 10.3 厘米,重约 1.45 吨。

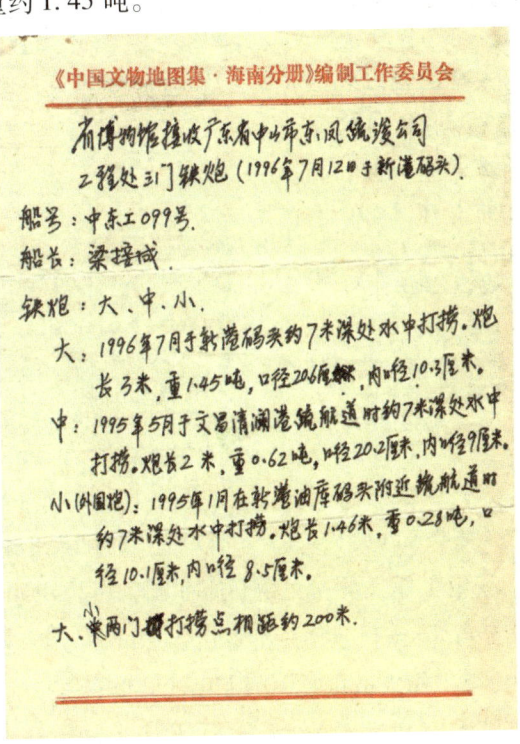

图 1-6 新港码头铁炮征购情况说明

1998 年 7 月,我馆工作人员赴琼海市塔洋镇①征购新建应台书院碑记 1 件(套),碑记长约 182 厘米,宽约 98 厘米,厚约 24 厘米;8 月,我馆接收海南省公安厅边防局移交的历史文物 353 件(套)。这批移交的历史文物以陶瓷器为主,主要包括四耳罐、瓷壶、粉盒、瓷碗、瓷瓶等类别。

1998 年 10 月,我馆工作人员征购到民间流散文物花边凤鸟石榴铜镜 1 件,

---

① 塔洋镇,隶属海南省琼海市,地处琼海市东北部,分别跟嘉积镇、长坡镇、大路镇、潭门镇和国营彬村山农场接壤,全镇行政区域面积 69 平方千米。

该件铜镜为晚唐时期文物;12月,我馆工作人员赴五指山市通什镇①、保亭黎族苗族自治县②征购民族文物12件(套),其中包括明代太极双凤图锦2件,清代麒麟双龙图锦2件,清代龙图锦2件,清代凤图锦1件,民国时期黎族武士火药胸挂1件,凤猴图锦1件,龙被3件。

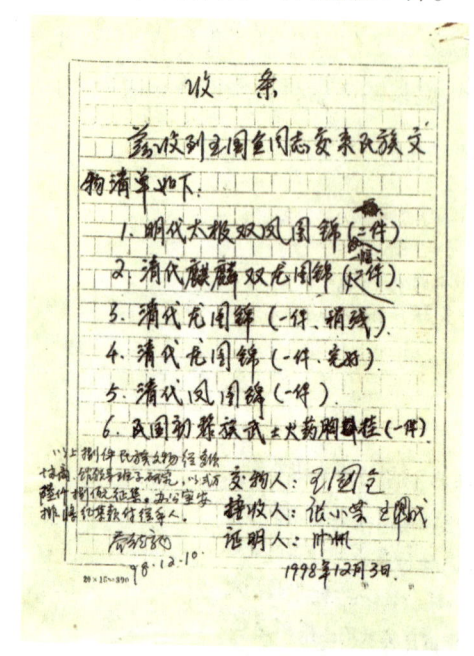

图1-7 征购民族文物收条(1998年)　　图1-8 征购古代出水瓷器清单(1999年)

1999年11月,我馆工作人员在文物商店征购到古代出水瓷器15件(套),其中包括宋代龙泉窑青瓷、宋代景德镇窑青白瓷、五代时期青瓷、青白瓷等。

2000年1月,我馆工作人员接收中国人民武装警察部队琼海市边防支队移交其缴获的西沙海域水下文物410件(套)。其中包括古代青花瓷残件90件(套)、瓷壶20件(套)、瓷碗(大)33件(套)、双鱼碟17件(套)、青花碗3件(套)、青花杯8件(套)、粉盒30件(套)、瓷碗(小)11件(套)、瓷罐(瓶)10件

---

① 通什镇,古称通什峒,隶属于海南省五指山市,位于五指山中南部,北邻毛阳镇、番阳镇和水满乡,西接毛道乡,南邻畅好乡,东邻南圣镇,行政区域总面积325平方千米。
② 保亭黎族苗族自治县,隶属于海南省,位于海南省南部内陆五指山南麓,明代称"宝停司",清代改称"宝亭营",1935年正式设立行政县,1948年2月解放,1987年成立保亭黎族苗族自治县,东接陵水黎族自治县,南邻三亚市,西连三亚市、乐东黎族自治县,北依五指山市、琼中黎族苗族自治县,行政区域总面积1153.24平方千米。

(套),鸳鸯碟1件,青铜锭4件(套),铜锁2件(套),铜盘1件,铜钱180枚;12月,我馆工作人员接收海南书法家陈文熙①先生捐赠的当代书法作品《录长江源碑文》《录〈道德经〉第五十三章》《录〈道德经〉第九章》。

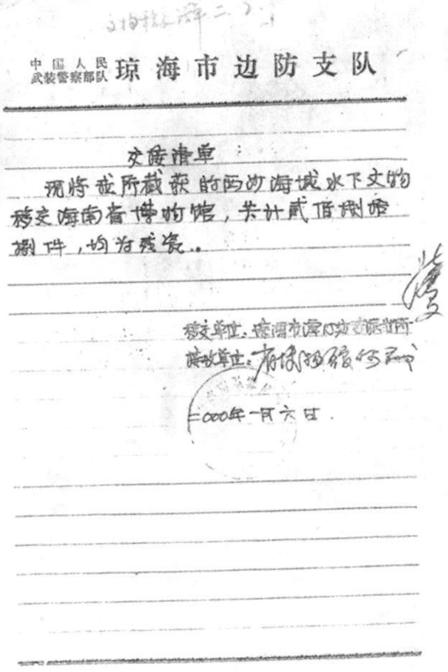
中国人民武装警察部队 琼海市边防支队

交接清单

现将我所截获的西沙海域水下文物移交海南省博物馆,共计贰佰捌拾捌件,均为残瓷。

移交单位:琼海市潭门边防派出所
接收单位:

二〇〇〇年一月六日

图1-9 琼海市边防支队移交文物清单1(2000年)

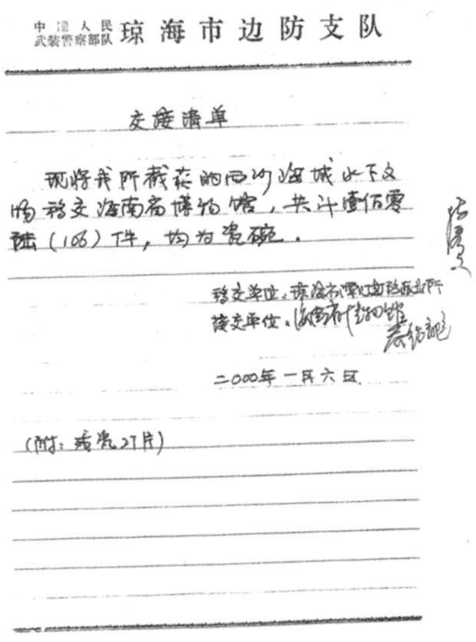
中国人民武装警察部队 琼海市边防支队

交接清单

现将我所截获的西沙海域水下文物移交海南省博物馆,共计壹佰零陆(106)件,均为瓷碗。

移交单位:琼海市潭门边防派出所
接交单位:海南省博物馆

二〇〇〇年一月六日

(附:残瓷27片)

图1-10 琼海市边防支队移交文物清单2(2000年)

2001年2月,我馆工作人员接收海口市公安局刑侦支队移交的古代文物63件(套)。这批移交的古代文物以陶瓷器为主,还有部分金属器,达到了国家二级文物②、三级文物③的级别。这批古代文物朝代从南宋延续至民国,产地为

① 陈文熙,又名陈鹤,1935年生,海南人,中国书法家协会会员,中国书画家联谊会会员,中国老年书画研究会会员,国际文人画家总会理事,海南省书法家协会理事,海南省老年书画研究会副会长,中国书画函授大学书法教授,海口市书法家协会顾问。

② 二级文物,《文物藏品定级标准》(文化部2001年第19号令)规定:文物藏品分为珍贵文物和一般文物。具有重要历史、艺术、科学价值的为二级文物。

③ 三级文物,《文物藏品定级标准》(文化部2001年第19号令)规定:文物藏品分为珍贵文物和一般文物。具有比较重要历史、艺术、科学价值的为三级文物。

今福建省同安窑址①和漳州窑址②，我馆工作人员对该批文物进行了一定程度的修复和保护工作。5月，我馆工作人员接收中国著名版画家张祯麒③捐赠的当代版画作品《春鸣》。

图1-11　海口市公安局刑侦支队移交文物委托函(2001年)

---

　　① 同安窑址，是1956年在福建省同安县(现属厦门市同安区)的汀溪水库首次发现的。窑址包括许坑窑、新民窑等。同安窑青瓷产品釉色以淡褐黄釉为主，其次为青釉、青白釉或灰白釉。器型有碗、碟、瓶、罐、洗、钵等。胎体为灰白色或白色。装饰使用刻、划、印等技术。常见的纹饰有卷草纹、篦点纹、菊瓣纹、莲瓣纹等，印有双鱼或屈前肢的小鹿图案，其烧造年代为南宋至元代。

　　② 漳州窑址，是对明清时期漳州地区窑业的总称。其窑址分布于平和、漳浦、南靖、云霄、诏安、华安等县，以平和的南胜、五寨两乡镇的窑址最为集中和最具代表性。自20世纪80年代以来，经多次考古调查，发现明清时期窑址十余处。福建省博物馆先后对南胜的花仔楼窑址、五寨的大垅、二垅窑址(1994年)、南胜田坑窑址(1997年)、五寨洞口窑址(1998年)进行了考古发掘，获得大批实物资料，获得了重大的发现与收获。目前，漳州窑已被列入省级非物质文化遗产。

　　③ 张祯麒，中国著名版画家，1934年5月生于海南岛海口市，1951年参加中国人民解放军海军，从事版画创作。1958年随十万转复官兵赴北大荒，创作大批反映黑龙江垦区人民艰苦奋斗、建设国家商品粮基地生活的版画作品，是"北大荒版画"流派的创始人之一。

2003年2月，我馆工作人员赴白沙黎族自治县①、文昌重兴镇②、文昌蓬莱镇③、琼海塔洋镇跃玖村等地征购到新石器时代石器33件（套），包括石斧、石刀、石锛、石凿、网坠等；7月，我馆工作人员接收琼海阳江镇④中秋园村村民王天运、琼海长坡镇⑤椰林沙笼村村民周学渊捐赠的石斧2件，魂坛2件。

2003年7月，我馆工作人员接收海关移交的一批古代文物，其中包括古代铜钱182枚、瓷枕2件、铜像1件、铜器熨斗1件、古代字画1件、恐龙蛋化石3件、古代刀币5件。

2004年1月，我馆工作人员赴琼海市博鳌镇⑥林田村征购新石器时代有肩石斧3件；6月，我馆工作人员接收海南省高级人民法院依法没收、追缴的文物1件，该件文物为唐代描金铜佛，通高27.5厘米，经鉴定为国家三级文物。该件文物具有较高的历史、艺术和科学研究价值。

---

① 白沙黎族自治县，海南省下辖自治县，位于海南岛中部偏西，东邻琼中黎族苗族自治县，南接乐东黎族自治县，西连昌江黎族自治县，北抵儋州市，总面积2117.2平方千米。"白沙"之名始于清代。1987年11月20日，国务院批准撤销白沙县，成立白沙黎族自治县。白沙黎族自治县有白沙起义遗址、琼崖纵队遗址等红色文化资源，有陨石坑、红坎瀑布、南开石壁等自然景观。

② 重兴镇，隶属海南省文昌市，地处文昌市最南端，东与文昌市会文镇毗邻，南、西两面分别与琼海市长坡镇、大路镇交界，北与文昌市蓬莱镇接壤。镇人民政府驻地距文昌市区41千米，行政区域总面积119.2平方千米。

③ 蓬莱镇，隶属海南省文昌市，位于文昌市西南部，东与文城镇接壤，南与会文镇、重兴镇相连，西与定安县的黄竹镇、永丰镇交界，北与琼山区的甲子镇、大坡镇毗邻，行政区域总面积121平方千米。

④ 阳江镇，隶属海南省琼海市，地处琼海市西南山区，东与中原镇毗邻，南与万宁市相隔，西与国营东太农场相依，北与龙江镇和嘉积镇接壤。镇人民政府驻地距琼海市区32千米，行政区域总面积105.99平方千米。

⑤ 长坡镇，隶属海南省琼海市，位于琼海市东北部，东临南海，南接龙湾、潭门港口，西与塔洋镇交界，西北与定安县黄竹镇接壤，东与文昌市重兴镇毗邻。全镇行政区域总面积169.03平方千米。

⑥ 博鳌镇，隶属于海南省琼海市，位于琼海市东部海滨、万泉河入海口。东临南海，南与万宁市交界，西与琼海市朝阳乡、上甬乡相邻，北与潭门镇接壤。距离琼海市嘉积镇17千米、海口市105千米、三亚市180千米。博鳌是海南著名的"十大文化名镇"之一，是国际会议组织——博鳌亚洲论坛永久会址所在地。

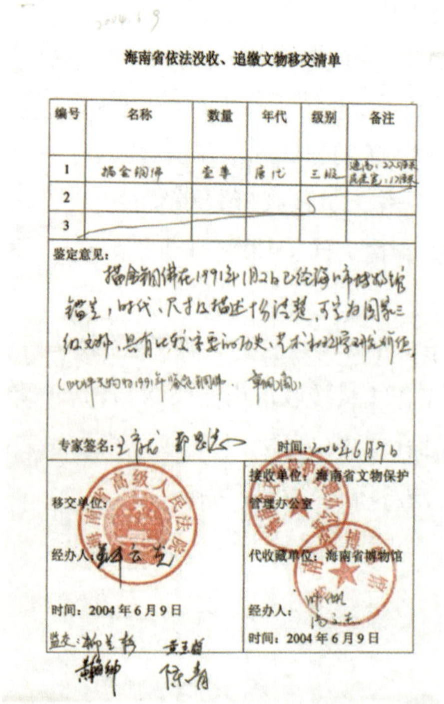

图1-12　海南省高级人民法院依法没收、追缴的文物移交清单(2004年)

2004年8月16日,我馆工作人员赴三亚市崖州区①征购民族文物7件,主要包括腰篓、竹篮等;8月24日,我馆工作人员赴五指山市水满乡②方响村、保亭黎族苗族自治县加茂镇③毛林村征购民族民俗文物16件(套),主要包括黎

---

① 崖州区,隶属于海南省三亚市,位于海南省三亚市西部,原名崖城镇,因为地处古崖州州治,故名崖州区。2015年1月,正式撤销崖城镇,设立崖州区。崖州区位于三亚市西部,北、西临乐东黎族自治县,总面积347平方千米,距三亚市区42千米。境内的崖州湾与三亚市的亚龙湾、大东海、三亚湾、海棠湾并称"三亚五大名湾"。2019年3月,位列第一批革命文物保护利用片区分县名单。

② 水满乡,隶属海南省五指山市,地处五指山市东北部,东接琼中黎族苗族自治县上安乡,东南连保亭黎族苗族自治县八村乡,南依南圣镇,西连毛阳镇,东北接琼中黎族苗族自治县红毛镇及什运乡。水满乡人民政府驻地距五指山市区34千米,行政区域总面积108.06平方千米。

③ 加茂镇,隶属海南省保亭黎族苗族自治县,地处保亭黎族苗族自治县东南部,东邻六弓乡,南邻三道镇,东南与三亚交界,西靠新政镇,北依保城镇。全镇行政区域面积233.4平方千米。

族服饰、黎族首饰、民国时期海口市全图等文物。

2004年11月,我馆工作人员接收中国近代史专家胡绳①后代捐赠的清代文物《乾壁杨甍立轴》1幅;11月下旬,我馆征购藏家黄永忠收藏的解放海南岛纪念章、解放华中南纪念章各1枚。

2004年12月,我馆工作人员征购粤海铁路②首趟列车票6张,接收到捐赠的粤海铁路首发T恤衫、粤海铁路首发明信片、粤海铁路列车时刻表、粤海铁路纸袋各1件(套)。

2005年1月,我馆接收海南省收藏家协会③副秘书长何云强先生捐赠的《奇袭海南岛第一报》画刊1件(套);1月下旬,我馆接收藏家苏松本捐赠的现代《日本跃进画报》1件,征购藏家何云强先生在拍卖会上竞拍的花梨木摆件1件;同时,我馆工作人员赴乐东黎族自治县④抱由镇保定村征购到现代黎族哈方言、筒裙共2件(套)。

2005年3月,我馆接收民族考古学家宋兆麟⑤捐赠的《琼崖民主政府布告》1件;4月,我馆工作人员赴昌江黎族自治县七差乡乌烈村、重合村、保山村、大

---

① 胡绳(1918—2000),原名项志逖,笔名蒲韧、卜人、李念青、沈友谷等,中国著名哲学家、近代史专家,忠诚的共产主义战士,无产阶级革命家,著名的马克思主义理论家,中国人民政治协商会议第七、八届全国委员会副主席。祖籍安徽歙县,籍贯是浙江钱塘,出生于江苏苏州。1982年,胡绳出任中共中央党史研究室主任,负责研究中国共产党党史,并参与起草《关于建国以来党的若干历史问题的决议》和新《中华人民共和国宪法》。1985年,胡绳出任中国社会科学院院长。1988年起当选为全国政协副主席。1998年胡绳卸任中国社科院院长一职。2000年11月在上海去世。

② 粤海铁路(Guangdong-Hainan Railway),或称湛海铁路,是一条连接广东省湛江市、海南省海口市和儋州市的普速铁路,为中国第一条跨海铁路。2002年1月28日,粤海铁路湛江—海安段开通运营;2002年11月25日,粤海铁路琼州海峡铁路轮渡"粤海铁1号"完成首航;2003年1月7日,粤海铁路全线通车。

③ 海南省收藏家协会,是经省民政厅登记注册的具有独立法人资格的社会团体。协会的宗旨是:弘扬中华收藏文博,崇尚社会道德,沟通海内外收藏家与收藏爱好者的联系,开展收藏品的交流、鉴定、展览及学术研究,促进海南民间收藏水平的不断提高。

④ 乐东黎族自治县,是海南省直管自治县,位于海南岛西南部。地势北高南低,背山面海。东和五指山市接壤,东北与白沙黎族自治县接壤,东南与三亚市交界,北与东方市、昌江黎族自治县毗邻,西南临南海,占地面积2765.5平方千米,海域面积1726.8平方千米,海岸线长84.3千米。

⑤ 宋兆麟,男,汉族,辽宁辽阳人,1936年出生,民族考古学家。毕业于北京大学历史系考古专业,中国国家博物馆研究员,中国民俗学会首席顾问,古代造像专家。长期从事考古学、民族学、民俗学研究,侧重史前文化和民间文化的研究。

章村、昂托村征购民族民俗服饰13件(套),其中包括黎族美孚方言服饰、黎族杞方言服饰、黎族哈方言服饰等服饰类别。

2005年6月,我馆向海南省收藏家协会征购清代花梨牛轭、抗日战争时期《支那事变画报》各1件,向藏家何云强征购清代花梨犁头1件(套),花梨木耙(构件)1件(套);8月,我馆工作人员赴昌江黎族自治县十月田镇沙田村向村民莫其南征购民族文物铜锣1件;9月,我馆接收民族考古学家宋兆麟捐赠的民族民俗文物91件(套),包括椰勺、牛角火管、手捻刀、木杵、鱼篓、哑酒管、竹舀等生产生活工具。

2006年4月,我馆工作人员赴白沙黎族自治县南开乡向村民符新荣、符桂从、符要全、符国祥、符桂程、符国申征购民族文物37件(套),包括竹编酿酒器具、鱼篓、牛轭、独木铲、绕线架、杞方言妇女服饰等。

2006年5月,我馆工作人员赴东方市东河镇①东新村、昌江黎族自治县七差乡机保村向村民符德之、符亚劳、符派征购复制的民族生产工具织机、绕线架等10件(套);6月,我馆工作人员赴昌江黎族自治县七差乡机保村向村民符明征购民族生产工具脚踏纺车2件。

2006年6月,我馆接收海南省文化广电出版体育厅②群体处捐赠的中华人民共和国第九届运动会③、第十届运动会④火炬、火种9件(套);6月下旬,我馆工作人员征购到宋、元、清三代的陶瓷、陶罐共计3件。

---

① 东河镇,隶属海南省东方市,地处东方市中东部,东与昌江黎族自治县七叉镇隔昌化江相望,南与江边乡接壤,西与天安乡为邻,西北与大田镇相连。镇人民政府驻地距东方市区30.7千米,行政区域总面积323平方千米。

② 海南省文化广电出版体育厅,是主管全省文化艺术和文物、广播电影电视、新闻出版和版权、体育运动工作的省政府组成部门。

③ 中华人民共和国第九届运动会,于2001年11月11日至2001年11月25日在广州举行,这是新千年我国举办的第一个规模盛大的全国综合性体育盛会,它象征着中国人民迈向新世纪的开始,展示了中华民族昂首阔步走进新时代的精神风貌。

④ 中华人民共和国第十届运动会,于2005年10月12日至2005年10月23日在南京举行,这次全运会是中国第一次采用申办形式确定承办单位的综合性大型运动会。来自全国46个代表团的参赛运动员达9986人,为前十届全运会之最,江苏省代表团以56枚金牌雄居金牌榜榜首。

附件：

九运会火炬传递活动物资、经费分配一览表

单位	火炬(把)	火种盒(个)	火种燃气(瓶)	火种盒燃气(瓶)	运动衫(件)	宣传画	宣传挂旗	工作证	记者证	请柬	汽车通行证	基本经费(万元)	广告费(万元)	摄放刻录车(万元)	电子火炬架(万元)	合计
北 京	3	1	10	3	3	100	100	100	100	100	100	7	2.8	1	2	12.8
黑龙江	3	1	10	3	3	100	100	100	100	100	100	7	2.8			9.8
浙 江	3	1	10	3	3	100	100	100	100	100	100	7	2.8	1		10.8
陕 西	3	1	10	3	3	100	100	100	100	100	100	7	2.8	1		10.8
西 藏	3	1	10	3	3	100	100	100	100	100	100	7	2.8			9.8
云 南	3	1	10	3	3	100	100	100	100	100	100	7	2.8	1		10.8
海 南	3	1	10	3	3	100	100	100	100	100	100	7	2.8			9.8
天 津	3	1	10	3	3	100	100	100	100	100	100	7	2.8	1		10.8
上 海	3	1	10	3	3	100	100	100	100	100	100	7	2.8			9.8
吉 林	3	1	10	3	3	100	100	100	100	100	100	7	2.8	1		10.8
山 西	3	1	10	3	3	100	100	100	100	100	100	7	2.8			9.8
甘 肃	3	1	10	3	3	100	100	100	100	100	100	7	2.8			9.8
贵 州	3	1	10	3	3	100	100	100	100	100	100	7	2.8			9.8
广 西	3	1	10	3	3	100	100	100	100	100	100	7	2.8			9.8
河 北	3	1	10	3	3	100	100	100	100	100	100	7	2.8		2	11.8
辽 宁	3	1	10	3	3	100	100	100	100	100	100	7	2.8	1		10.8
河 南	3	1	10	3	3	100	100	100	100	100	100	7	2.8	1	2	12.8
宁 夏	3	1	10	3	3	100	100	100	100	100	100	7	2.8			9.8
四 川	3	1	10	3	3	100	100	100	100	100	100	7	2.8			9.8
湖 北	3	1	10	3	3	100	100	100	100	100	100	7	2.8	1	2	12.8
江 苏	3	1	10	3	3	100	100	100	100	100	100	7	2.8	1		10.8
山 东	3	1	10	3	3	100	100	100	100	100	100	7	2.8	1		10.8
安 徽	3	1	10	3	3	100	100	100	100	100	100	7	2.8			9.8
新 疆	3	1	10	3	3	100	100	100	100	100	100	7	2.8			9.8
重 庆	3	1	10	3	3	100	100	100	100	100	100	7	2.8	1		10.8
福 建	3	1	10	3	3	100	100	100	100	100	100	7	2.8	1		10.8
江 西	3	1	10	3	3	100	100	100	100	100	100	7	2.8			9.8
湖 南	3	1	10	3	3	100	100	100	100	100	100	7	2.8		2	11.8
青 海	3	1	10	3	3	100	100	100	100	100	100	7	2.8			9.8
内蒙古	3	1	10	3	3	100	100	100	100	100	100	7	2.8			9.8
香 港	3											7				7
澳 门	3									100		7				7
广 东	3	1	10	3	3	100	100	100	100	100	100	7	2.8	1	2	12.8
总 计	99	33	330	99	99	3100	3100	3100	3100	3100	3100	231	86.8	15	12	344.8

图1-13 九运会火炬传递活动物资、经费分配一览表

2007年1月，我馆接收中国国家博物馆①移交的西沙水下文物16箱，包括粉盒、瓷碗、瓷盘、瓷片、器盖等；2月，我馆接收河南省新乡市博物馆②调拨的清代《琼黎风俗图》③册页1件，并接收民族考古学家宋兆麟捐赠的《皮鼓狩猎图》

---

① 中国国家博物馆(National Museum of China)，简称国博，位于北京市中心天安门广场东侧，东长安街南侧，与人民大会堂东西相对称，是历史与艺术并重，集收藏、展览、研究、考古、公共教育、文化交流于一体的综合性博物馆。国博隶属于中华人民共和国文化和旅游部。国博是世界上单体建筑面积最大的博物馆，是中国文物收藏量最丰富的博物馆之一。

② 新乡市博物馆，位于河南省新乡市人民东路697号，是集收藏、研究、教育等功能于一体的综合性地方历史博物馆。1949年，平原省博物馆成立。1952年，平原省博物馆改为新乡市图书馆文物馆。1958年，新乡市博物馆正式成立。

③《琼黎风俗图》，全名为《明邓廷宣绘琼黎风俗图》，是一件现存于海南省博物馆的国家二级文物。该图为一尺见方的册页，内有海南黎人生活图15幅，以工笔重彩绘制，并附有解说文字。图册早期为某民国将领所有，河南省新乡市博物馆于20世纪40年代征集到该图册。20世纪80年代，图册信息公开后受到我馆的高度重视。几经协调磋商，2001年，我馆终以有偿调拨形式获得该册。

拓片 1 幅;6 月,我馆接收名誉馆长李元茂①捐赠的古代画像砖 1 件。

图 1-14　河南省文物管理局关于调拨文物的批复

图 1-15　《皮鼓狩猎图》征集记录表

2007 年 7 月,我馆工作人员赴乐东黎族自治县大安镇②昂外村向村民罗永强征购铜锣 2 件;8 月,我馆工作人员赴上海黄道婆纪念馆③征购纺车、绕线架、

---

① 李元茂(1944—2012),字文厚,号奎霖,山西太原人。曾任海南省博物馆名誉馆长,国家一级美术师,国务院特殊津贴专家,央视电视台《鉴宝》栏目专家,文化部文化市场发展中心艺术品评估委员会专家委员等。

② 大安镇,隶属海南省乐东黎族自治县,地处乐东黎族自治县东南部,东与志仲镇相邻,南与千家镇相接,西与抱由镇相连,北与三平村接壤。全镇行政区域面积 137.37 平方千米。

③ 黄道婆,宋末元初知名棉纺织家,又名黄婆、黄母,汉族,松江府乌泥泾镇(今属上海市徐汇区华泾镇)人。她出身贫苦,少年受封建家庭压迫流落崖州(今海南岛),以道观为家,与黎族姐妹共同生活、劳动,并学会运用制棉工具和织崖州被的方法。黄道婆墓于 1957 年修复,1962 年被列为上海市文物保护单位,1986 年移地重修于此,1987 年重新被列为上海市文物保护单位,1996 年被认定为徐汇区爱国主义教育基地。2003 年,华泾镇人民政府在黄道婆墓旁建纪念馆,这是纪念黄道婆这一历史贡献杰出人物以及传播中国传统手工棉纺织技艺为主题的纪念馆。2019 年,黄道婆纪念馆闭馆修葺,2020 年 10 月 15 日重新开馆,是上海市科普教育基地。

棉絮压盘等文物7件(套)。

2007年8月,我馆接收海南省美术家协会①捐赠的《海南文明生态村》画卷53幅;9月,我馆工作人员赴五指山市②毛岸苗村、东方市江边乡俄查村、昌江黎族自治县七叉镇红峰村征购到苗族服饰、美孚男子服饰、火药枪共计3件(套)。

2007年10月16日,我馆工作人员赴白沙黎族自治县细水乡福门村征购到民族生活用具竹笼、长砍刀等53件(套);10月23日,我馆工作人员赴昌江黎族自治县征购到民族生活用具制陶工具、刀鞘等71件(套)。

2007年11月,我馆工作人员赴东方市中方村、东方村、东新村等地征购到民族生活用具手捻刀、点穴棒等47件(套);12月,我馆工作人员赴三亚市③征购三亚回族民族生活用具礼拜帽、礼拜毯等66件,同时征购到《琼黎风俗图》册页复制品1件。

2008年1月,我馆工作人员赴东方市江边乡白查村、东河镇④东新村向当地村民符德春等人征购民族生活用具8件(套),包括木轮牛车、独木印盒等;1月下旬,我馆征购到海南当代民族乐器5件(套),包括唢呐⑤、椰胡⑥、调胡等

---

① 海南省美术家协会,简称海南省美协,是海南省美术家自愿结合的具有专业权威性与广泛代表性的群众组织,为海南省文学艺术界联合会的团体会员,也是中国美术家协会的团体会员。

② 五指山市,是海南省直辖县级市,地处海南岛中南部腹地,是海南岛中部地区的中心城市和交通枢纽,也是海南省中部少数民族的聚居地,五指山市是有名的"翡翠山城",因海南岛上最高的山峰——五指山而得名,有五指山市热带雨林、海南民族博物馆、七指岭、热带植物园、中华民族文化村、卧龙山、太平山瀑布、琼州学院、海瑞祖居、琼崖公学纪念亭、鹦哥岭、甘什岭、民族博物馆和仿古黎村、白沙起义纪念馆、仙龙洞、黎苗民族歌舞长廊、木色旅游度假风景区等风景名胜。

③ 三亚市,是海南省地级市,简称崖,古称崖州,别称鹿城,地处海南岛的最南端。三亚东邻陵水县,西接乐东县,北毗保亭县,南临南海,三亚市陆地总面积1919.58平方千米,海域总面积6000平方千米。东西长91.6千米,南北宽51千米,下辖4个区,聚居了汉族、黎族、苗族等20多个民族。三亚是具有热带海滨风景特色的国际旅游城市,又被称为"东方夏威夷"。

④ 东河镇,隶属海南省东方市,地处东方市中东部,东与昌江黎族自治县七叉镇隔昌化江相望,南与江边乡接壤,西与天安乡为邻,西北与大田镇相连。镇人民政府驻地距东方市区30.7千米,东河镇总面积323平方千米。

⑤ 唢呐,中国双簧木管乐器。早在公元3世纪,唢呐随丝绸之路的开辟,从东欧、西亚一带传入我国,是世界双簧管乐器家族中的一员。经过几千年的发展,唢呐形成了独特的气质与音色,已是我国具有代表性的民族管乐器。

⑥ 椰胡,中国传统擦奏弦鸣乐器。形制如板胡。音箱用椰子壳制作,面蒙薄的桐木板,背开5个出音孔。音色浑厚,用以合奏或伴奏。椰胡是黎族、汉族弓拉弦鸣乐器,流行于海南、广东、福建等省。

乐器。

2008年3月,我馆工作人员赴琼中黎族苗族自治县①、五指山各市县、保亭黎族苗族自治县、乐东黎族自治县征购到民族文物及生活用具129件(套),包括民族服饰、龙被②、藤筐、弩、蒸桶、蜡染布、捞鱼网、纺轮、渡水葫芦③等民族文物。

2008年4月,我馆征购到海口琼剧④戏服24件(套),包括紫色大蟒袍、高头文生鞋、花鸟纱帽、汗衣裤、法刀等类别;5月,我馆工作人员赴昌江黎族自治县七叉镇征购复制的独木舟、竹筏、牛拖、爬杆4类民族生产工具。

2008年5月,我馆工作人员在海口、三亚等地征购到民族民俗文物5件(套),其中包括《御题棉花图》⑤拓本、伊斯兰书法作品等;6月,我馆工作人员赴北京故宫博物院⑥修复南宋鲁宗贵⑦款《芦雁图》1幅,同时复制宋代白玉蟾⑧《足轩铭》1幅。

2008年7月,我馆征购到民国时期黎族新娘胸饰1件;7月23日,我馆工作人员赴文昌市征购复制的琼剧戏服5件(套),包括生角、旦角服饰及头饰等;7

---

① 琼中黎族苗族自治县,是海南省下辖的民族自治县之一,县境地处海南岛中部,五指山北麓,热带海洋季风气候,夏长无酷暑,冬短无严寒,年均气温22.8摄氏度。全境面积2704.66平方千米,辖10个乡镇,2个县属林场和1个县属农场。琼中是海南生态核心区,有五指山、黎母山、吊罗山、鹦哥岭等国家级、省级林区和保护区,琼中绿橙是海南省第一个地理标志保护产品。

② 龙被,也称崖州被,有些地方叫作大被。龙被是黎族织锦中的珍品,是黎族纺、织、染、绣四大工艺中难度大、文化品位高、技术高超的织锦工艺品,是黎族"贡品"之一。

③ 渡水葫芦,又称海南黎族渡水腰舟。渡水腰舟是人类战胜洪水最古老、最简单的浮具,后来又由浮具发展为筏具,最后演化为船只。2007年8月,海南黎族渡水腰舟被作为非物质文化遗产向国家"申遗"。

④ 琼剧,又称琼州剧、海南戏,海南省海口市、定安县等地方传统戏剧,是闽南语系的传统地方戏剧之一,国家级非物质文化遗产之一。

⑤《御制棉花图》,是清乾隆三十年(1765),直隶总督方观承以乾隆皇帝观视保定腰山王氏庄园的棉行为背景主持绘制的一套从植棉、管理到纺织、织染成布的全过程的图谱。

⑥ 北京故宫博物院,是一座综合性博物馆,建立于1925年10月10日,位于北京故宫紫禁城内,收藏品包括但不限于明朝、清朝皇宫及其收藏。北京故宫博物院是中国最大的古代文化艺术博物馆,是第一批全国爱国主义教育示范基地,是世界三大宫殿之一。

⑦ 鲁宗贵,钱塘(今浙江省杭州市)人,南宋画家。工花竹、禽鸟、窠石,用笔意趣有余,描染佳妙,尤其长于写生,雏鸡、乳鸭颇有生意。传世作品有《春韵鸣喜图》。

⑧ 白玉蟾(1134—1229),乳名玉蟾,原名葛长庚,字白叟、如晦、以阅、众甫,号海琼子、海蟾、云外子、琼山道人、海南翁、武夷翁,世称紫清先生,北宋琼管安抚司琼山县五原都显屋上村(今海南省海口市秀英区石山镇典读村)人。

月 24 日,我馆接收藏家蔡于良①捐赠的革命文物及民族文物 42 件(套),藏家的这批文物来源于海南省海口市、琼海②、文昌③、昌江黎族自治县、乐东黎族苗族自治县、儋州④及广东省广州市等地,主要包括琼崖工农红军⑤旗杆标头、土地改革委员会证章、解放海南岛纪念章⑥、乐东县苏维埃政府证章、手捻刀、竹桶、手镯、耳环、簪子、槟榔盒、木匾、铜釜、龙被等文物类别。

2008 年 7 月,我馆工作人员赴临高县⑦征购复制的临高人偶戏人偶像 5 件(套),包括生角、旦角、净角、末角、丑角五类;8 月,我馆向海南三亚警备区政治部李有骨征购到清代文物张岳崧⑧《南安书院碑记》册页 1 幅。

---

① 蔡于良(1952—)海南人,擅长中国画。1977 年,蔡于良毕业于广东省工艺美术学校国画专业,1984 年调入海南文联。历任海南出版社美术编辑、副主任、副编审。《海南风情》四件作品入选全国第十届版画展;《秋实飘香》入选纪念《讲话》发表 50 周年全国美展;《南海砥柱——西沙》入选第八届全国美展。

② 琼海,海南省县级市,是闽南民系城市之一,位于海南省东部、万泉河中下游,北距海口市 78 千米,南距万宁市 60 千米,距三亚市 163 千米,西连定安、屯昌县,东邻文昌清澜港。

③ 文昌,海南省下辖市,古称紫贝,位于海南省东北部,东、南、北三面临海。文昌是海南三大历史古邑之一,自西汉建置已有 2100 多年历史,是中国著名的侨乡,是重要的琼崖革命根据地之一,也是海南闽南文化发源地、海南文昌航天发射中心所在地、中国第四座航天之城,同时也是海南海岸线最长的城市。

④ 儋州市,是海南省地级市,地处中国华南地区、海南西北部,濒临北部湾,北距省会海口市 130 千米,南距三亚市 280 千米,是海南西部的经济、交通、通信和文化中心。海南洋浦经济开发区、中国热带农业科学院、海南大学儋州校区(原华南热带农业大学)均在其境内。

⑤ 琼崖工农红军,1927 年 10 月,中共琼崖(即海南岛)特委指派杨善集、王文明等人领导安定、琼山、万宁、乐会(今属琼海)等地农民起义,创建了工农革命军和琼崖革命根据地。1928 年春,工农革命军改编为工农红军,成立琼崖工农红军司令部。同年 7 月,琼崖苏维埃政府成立,王文明任主席。同年 8 月,撤销红军司令部,成立琼崖工农红军独立师。

⑥ 解放海南岛纪念章,是由中南军区兼第四野战军颁发给当时参加解放海南岛战斗的将士的奖章,纪念章正面构图简练严谨,展现出中国人民解放军克服巨大的困难——以木帆船横渡惊涛骇浪的琼州海峡的英勇顽强的革命精神。

⑦ 临高县,是海南省直辖县,地处海南岛西北部,东邻澄迈县,西南与儋州市接壤,西北濒临北部湾,北濒琼州海峡,与雷州半岛隔海相望。县政府驻临城镇,距省会海口市 83 千米。全境东西宽 34 千米,南北长 47 千米,总面积 1317 平方千米。县城距省会海口 82 千米,辖 10 个镇,共有 176 个社区(行政村)、880 个自然村,另有 1 个农场——加来农场,2 个开发区——金牌港经济开发区、临高角旅游度假开发区。

⑧ 张岳崧(1773—1842),字子骏,又字翰山、瀚山,号觉庵、指山,广东定安(今海南省定安县)人。他是海南在科举时代唯一的探花,官至湖北布政使(从二品)。他在任期间革除各种弊病,四次受到皇帝召见,倡导并协助林则徐严禁鸦片。主持编纂《琼州府志》,擅长书画,是清代知名的书画家,与丘濬、海瑞、王佐并称为海南四大才子,是海南读绝(丘濬)、忠绝(海瑞)、吟绝(王佐)、书绝(张岳崧)"四绝"中的"书绝"。

2008年10月，我馆接收中国文物信息咨询中心①划拨的历史文物3件(套)，包括战国时期的“越王亓北古”错金铭文青铜复合剑、宋代青白釉花口凤首壶、唐代三彩马3件文物；11月，我馆工作人员赴五指山市民族歌舞团征购复制的文物铝耳环2件(套)。

中国文物信息咨询中心点交清单

序号	名称	件数	类别	年代	规格	现状	备注
1	“越王亓北古”错金铭文青铜复合剑	1	铜器	战国	剑通长65.2厘米，格宽5厘米	见附表	
2	青白釉花口凤首壶	1	陶瓷	宋	40×10.4厘米	见附表	
3	唐三彩马	1	陶瓷	公元8世纪	高73.7厘米，长81.3厘米	见附表	
总计		3					

点交方：
签字盖章：
日期：2008年10月11日

接收方：
签字盖章：
日期：2008年10月11日

以上三件文物已于2008年10月28日入库。

图1－16 中国文物信息咨询中心点交清单

① 中国文物信息咨询中心，是国家文物局直属公益二类事业单位。主要职责包括：负责国家文物局电子政务系统建设和维护；收集、管理与文物博物馆相关的信息资料和数据库；配合国家文物局对全国文物博物馆事业信息化工作进行管理和业务指导；承担文物保护工程、设施建设和博物馆维修、建设项目，以及安防、消防、技防工程的咨询、招标、审核和监理；对历史文化名城和城市保护、发展、建设规划、方案进行咨询和评议；开展与文物博物馆事业有关的调查、咨询、鉴定和培训工作；对文物拍卖标的进行备案；承担国家文物局委托办理的其他事项。

第二章　海南省博物馆开馆后征集工作概述

2008年11月,海南省博物馆正式开馆,专门设立藏品征集部,负责我馆文物及藏品的调研、征购、捐赠、划拨、移交等工作,藏品征集部由文博领域的专业技术人员组成,我馆的征集工作开始迈入新的阶段。

自开馆以来,我馆通过征购、接受捐赠、划拨、移交等多种途径,征集到历史文物、海南民族文物、沉香及香具、黄花梨、非遗藏品、革命文物等各类文物及藏品约9740件(套)。征集到的文物及藏品为研究海南历史发展脉络提供了丰富的实物资料,对丰富我馆馆藏、推动海南省文博事业发展起到了积极的作用。一切与海南文化相交融的文物及藏品,都是我馆文物征集工作的重中之重。

第一节　文物及藏品的征购工作

海南省博物馆正式开馆以来,通过征购的途径征集到历史文物、海南民族文物、沉香及香具、黄花梨、非遗藏品、革命文物等各类文物及藏品4528件(套),为我馆文物展陈、文物保护、文物研究等相关工作奠定了深厚的基础。

2009年7月,我馆藏品征集部征购到新石器时代文物5件(套),包括树皮衣、树皮裙、钻木取火工具等;12月,我馆工作人员赴陵水县英州镇①鹅仔村征购到出土的南宋青釉划花碗、青釉划花碟、青釉莲瓣纹碟等文物5件(套)。

2010年5月,我馆工作人员征购到华侨文物6件(套),包括中华民国侨民登记证、海南岛要塞司令部胸章等;6月,我馆向藏家吴乾福、林开耀、蔡于良、张祯麒、张地茂征购到海南版画作品20幅,包括《南岛宝藏》《石山谣》《收获时节》

---

① 英州镇,隶属海南省陵水黎族自治县,地处陵水黎族自治县西南部,东与隆广镇、新村镇毗邻,南临南海,西与三亚市海棠湾镇交界,北与保亭黎族苗族自治县六号乡相接,总面积129平方千米。

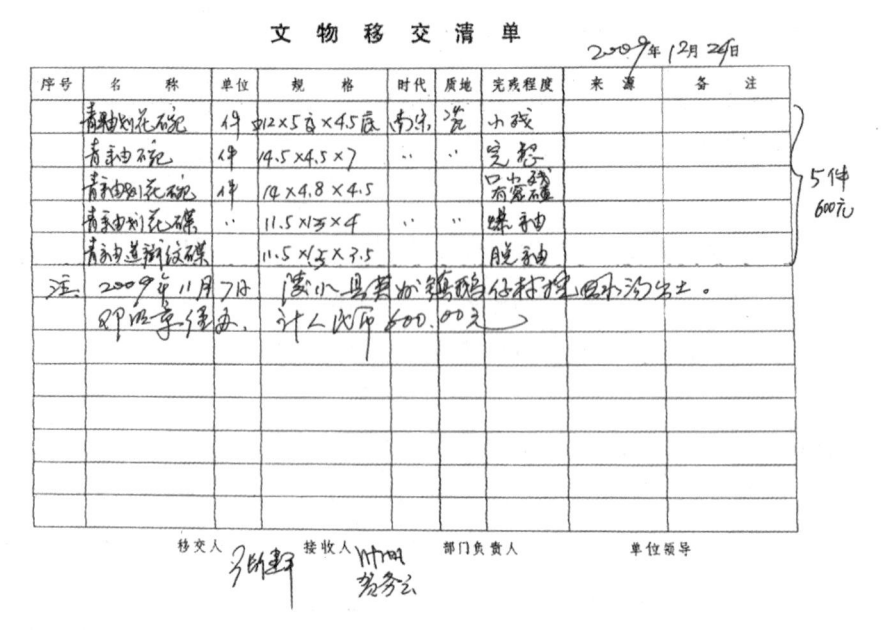

图 2-1 陵水县英州镇征购文物移交清单

《海恋》《火山口》《海南岛的太阳》《崛起的五指山》《黎家女》《黎寨秋韵》等版画作品。

2010年6月,我馆征购到张祯麒版画作品4幅;7月,我馆向广东省藏家姜运南征购到《辽西日报》《广州民国日报》等历史文物12件(套)。

2010年12月,我馆向广东省藏家姜运南征购到民国时期文物10件(套),包括1939年出版的《支那画报》、1942年出版的《海南岛植物相图》、1946年出版的《前锋日报》、1948年出版的《海南地图》、1950年出版的《乘风破浪——解放海南岛特刊》、1954年出版的《中国航路指南》等文物。

2010年12月,我馆藏品征集部工作人员赴五指山市征购到苗族发绣①作品《清明上河图》《八十七神仙卷》《簪花仕女图》《五牛图》4件(套);12月下旬,我馆向海口东站(高铁站)征购到东环高铁车票(往返)4张。

2011年5月28日,中央电视台"寻宝"活动在海南举行,我馆进行相关征集

---

① 发绣,在古代又称墨绣,以人的头发作为原料,结合绘画与刺绣制作的艺术品。海南苗族发绣,以五指山苗族少女的头发代线绣制。由于头发坚韧光滑,色泽经久不褪,其本身具有黑、白、灰、黄、棕等自然色泽和细、柔、光、滑的特性,因此被海南苗族人民运用滚针、缠针、接针、切针等不同针法进行刺绣制作。

调研工作;8月,我馆向藏家蒋海平女士征购到文物——清代张岳崧的行书立轴1幅。

2011年7月3日,我馆在海口市文物市场征购到船舱1件;7月15日,我馆征购到藏家宋静敏收藏的文物——清代张岳崧的《孝友遗风》1幅。

2011年8月,为了充实"大海的方向"专题展览内容,更好地展示南海海洋文明,我馆工作人员经过多次征集调研工作,征购到藏家陈飞先生收藏的更路簿①1套;9月,我馆向河南新乡博物馆征购到复制的朱庐执刲银印2件(套)。

2011年11月,我馆工作人员赴深圳市向藏家林影萍女士征购到黎族龙被1件,林影萍女士于1985年在海南省通什镇②黎族地区进行少数民族风情题材写生,以一部进口微型收录机跟当地居民换取了一件黎族龙被。我馆工作人员搜集到相关征集线索后,专门赴深圳市向林影萍女士征购此件黎族龙被,从而使海南民族民俗及非遗文化得以科学的传承和保护。

2012年2月,我馆藏品征集部工作人员赴五指山市征购到发绣作品《琼黎风俗图》1幅;3月,我馆征购到发绣作品《海南风情图》1幅。

2012年4月至5月,我馆藏品征集部工作人员赴贵州省黔东南苗族侗族自治州③、海南省昌江黎族自治县石碌镇水头村、海南省昌江黎族自治县七叉镇机保村等地征购到民族民俗文物14件(套),主要包括龙被、黎族服饰、树皮服装等类别。

2013年4月,我馆向藏家高丽梅征购到历史文物8件(套),主要包括:①1974

---

① 更路簿,是流行于海南省文昌市、琼海市的传统民俗文化,也是国家级非物质文化遗产之一。南海航道更路经是千百年来海南人民在实践过程中总结出来的南海航行的路线知识及实践经验。据史料记载,早在公元18世纪,中国南海沿岸的居民就已从事南海水产资源的开发。汉代,中国在南海开通了"海上丝绸之路"。海南省文昌市有南海航行的重要港口——清澜港,出航南海诸岛多从此启航。海南岛沿海的居民总结航海经验,写成《南海更路簿》,以手抄本形式流传。此外,民间还流行口头传承的"更路传"。

② 通什镇,隶属于海南省五指山市,位于五指山中南部,北邻毛阳镇、番阳镇和水满乡,西接毛道乡,南邻畅好乡,东邻南圣镇,行政区域总面积325平方千米。

③ 黔东南苗族侗族自治州,位于贵州省东南部,下辖16个县市,州府为凯里市。全州辖凯里1市和麻江、丹寨、黄平、施秉、镇远、岑巩、三穗、天柱、锦屏、黎平、从江、榕江、雷山、台江、剑河15县,凯里、炉碧、金钟、洛贯、黔东、台江、三穗、岑巩、锦屏、黎平10个省级经济开发区,境内居住着苗族、侗族、汉族、布依族、水族、瑶族、壮族、土家族等33个民族。

年出版的《西沙群岛相册》,此相册为广东省博物馆①西沙群岛文物调查组在20世纪70年代拍摄的西沙群岛相关历史资料;②1869年签署的《海南(文昌)移民合同》,此合同于1869年11月5日在古巴瓜纳哈伊市②签署,内容为海南文昌的移民到当地工作必须服从当地规定的法律法规相关事宜;③1957年《保亭县毛道乡黎族合亩制调查》,此调查报告为20世纪50年代海南黎族社会历史情况调查资料;④1938年9月出版的《国家地理》③杂志;⑤日本昭和④十八年(1943年)出版的《海南岛民族志》;⑥日本昭和十七年(1942年)出版的《海南岛的早晨》;⑦1955年出版的《东南亚地图》;⑧1975年出版的历史资料《西沙文物——中国南海诸岛之一西沙群岛文物调查》⑤。

2013年6月至7月,我馆工作人员赴昌江黎族自治县七叉镇机保村征购民族文物,与昌江黎族自治县七叉镇机保村的阿劳师傅、白沙黎族自治县元门镇罗帅村的王师傅多次沟通商议,征购到民族服饰26件(套),主要包括美孚男子服饰、美孚女子服饰、哈方言男子服饰、哈方言女子服饰、杞方言男子服饰、杞方言女子服饰、树皮被、木凿等。

---

① 广东省博物馆,位于中国广州市天河区珠江东路2号,1957年开始筹建,1959年正式开放。广东省博物馆新馆于2004年12月奠基开工,2010年建成,总占地面积6.7万平方米,是国家一级博物馆、广东省唯一的省级综合博物馆,主要展览广东历史、文化、艺术、自然,设置历史馆、自然馆、艺术馆和临展馆。

② 瓜纳哈伊(Guanajay),古巴西部城市,哈瓦那省所辖县区之一,位于哈瓦那西南58千米。境内被山区环抱,气候宜人,辖区面积113平方千米,人口2.9万(2004年),人口密度为每平方千米251.6人,是古巴全国人口密度的2倍多,该城建立于1781年,辖区主要农产品是甘蔗和烟草。

③《国家地理》,是1888年10月美国国家地理协会出版的图书,现在已经成为世界上最广为人知的一本杂志,杂志每年发行12次,偶尔有特版发布。《国家地理》封面上的亮黄色边框以及月桂纹图样已经成为象征,同时这些标识也是《国家地理》杂志的注册商标。杂志内容为高质量的关于社会、历史、世界各地的风土人情的文章。

④ 昭和,是日本第124代天皇裕仁在位使用的年号,为日本第246个年号,使用时间为1926年12月25日至1989年1月7日,是日本各年号中使用时间最长的,共64年。但由于开始时是年底,终结时是年初,所以若严格计算,时间是62年又13天。

⑤ 广东省博物馆:《西沙文物——中国南海诸岛之一西沙群岛文物调查》,文物出版社,1975年版。

2013年8月,我馆接到东方市文体局①来电:东方市天安乡雅龙村发现铜锣②。消息源于当地四位村民在前往山洞寻找黄花梨木的途中,无意间在山洞里发现铜锣等文物,村民随即向当地村干部汇报,再由村干部向东方市文体局汇报上述情况。我馆工作人员得到此消息后,立即前往东方市天安乡雅龙村开展发掘及征购工作,共征购到三蛙耳铜锣、青花瓷碟、青花碗、执壶等文物18件(套)。

2013年9月,我馆工作人员赴乐东黎族自治县利国镇向藏家黎昌望先生征购到民族民俗文物6件(套),主要包括:①凤鱼图龙被,龙被是一类黎族纺织品,民间称为龙被或大被,文献资料上称为崖州龙被或崖州被,它是黎族宗教用品之一,也是精美的工艺品。②杞方言女子服饰,杞方言主要分布在海南五指山、琼中、保亭等市县,少数分布在昌江、乐东、东方、陵水等市县。杞方言在语言上基本相同,但因居住地区不同,妇女服饰有一定的区别。③哈方言男子长棉衣及棉麻半成品,哈方言主要分布在海南乐东、东方、陵水、三亚、昌江等地区,白沙、保亭、琼中、儋州等地区有少量分布。④美孚方言女子头巾,美孚方言主要分布在海南岛昌化江中游及下游的东方和昌江两地。美孚方言女子头巾有两种:一种简单大方,色彩黑白相间,没有任何花纹的修饰;另一种采用织绣花纹图案修饰的装饰风格。

2013年10月,我馆向广州市藏家姜运南征购到历史文物9件(套),包括①民国二十五年(1936)出版的由曙岚撰写的第一部《海南岛旅游记》,本书是作者曙岚在1934年独自一人骑着自行车环绕海南岛的旅行日记;②民国三十一年(1942)出版的《海南岛写真集》,此书是关于民国时期海南岛各地风光及民俗的纪实摄影集;③民国三十六年(1947)出版的《海南岛地理》,此书介绍了民国时期海南岛的基本情况;④民国时期出版、王少平编著的其游历菲律宾、海南岛的旅游考察日记《菲岛琼崖印象记》;⑤1957年印刷出版的《黎文实验教学农民课本》,此书是由海南黎族苗族自治州黎族苗族语文研究指导委员会(1955—1987)编纂的农民夜校课本;⑥1957年出版的《关于划分黎语方言和创制黎文

---

① 东方市文化广电出版体育局是市政府综合管理文化艺术和文物、广播电影电视、新闻出版和版权、体育运动工作四大方面工作的职能部门。

② 铜锣,一般的锣都是铜制的,属于中国传统响器。锣可分为大锣、小锣、掌锣和云锣四大类。明清时期,锣被广泛应用于戏曲音乐、舞蹈音乐和传统吹打乐中。

的意见》，这是关于黎族语言文学问题讨论会的珍贵历史资料；⑦民国时期日本出版的《国际写真情报》《日本之跃进画报》，这是日军侵略中国时期出版的战地画报，包含了日本侵略海南岛的罪恶佐证。

2014年2月，为了配合"海上丝绸之路"七省联展及我馆二期的沉船展览的展陈内容，我馆组织有关业务人员于2月13日赴琼海市潭门镇①征购到出水文物铜锭、碗胶结块、钱币（胶结块），共计3件（套）。

2014年12月，我馆在海口市文物商店征购到民族民俗文物10件（套），包括黎族哈方言女子婚礼筒裙、金线绣龙纹道公服、八仙桌麒麟挂帘、黎族赛方言条纹麻被、黎族哈方言男子条纹麻大衣、脚踏纺织机、刻花纹踞腰织机、黎族润方言双人骨簪、黎族美孚方言女子绣字头巾等民族生产工具、民族服饰及配饰。

2015年6月，为了配合海南省博物馆二期工程的进度，更好地展示海南本地历史文化，进一步充实我馆二期的展陈内容，藏品征集部工作人员赴海南乐东、临高、儋州等地征购到海南民族文物66件（套），主要包括鱼篓、定网石、木耙、藤筐、宽脚男裤、圆领短袖妇女上衣、儿童虎帽、水平织机构件、头巾、石杵头、双凤朝阳图八仙旗、祝寿挂账、崖州菱形纹花布等民俗文物及生产生活工具。

2015年10月，我馆藏品征集部工作人员经过多次征集调研，寻求征集线索，搜集到相关信息：海南藏家廖善新收藏了一批海南花瑰艺术木雕神像，而这批花瑰艺术木雕神像正是我馆二期陈列展览中所需要的民族文物。双方经多次协商，达成收购意向。我馆共征购各类花瑰艺术神像22件（套），主要包括黄大将军神像、哪吒神像、关公雕像、送子娘娘、观音等花瑰艺术类别。

2016年3月，为了进一步充实我馆二期基本陈列"南溟泛舸——南海海洋文明陈列"的展陈内容，我馆藏品征集部工作人员赴海南省昌江黎族自治县海尾镇②、海南省儋州市新州镇③征购到渔民生产生活工具61件（套），包括船橹、

---

① 潭门镇，隶属海南省琼海市，地处琼海市东部沿海，南邻博鳌镇，西接嘉积镇，北接长坡镇。全镇行政区域面积89.5平方千米。

② 海尾镇，隶属海南省昌江黎族自治县，地处昌江黎族自治县西北部，东与十月田镇接壤，南与乌烈镇、昌化镇相连，西濒临北部湾，北隔珠碧江与儋州市海头镇相望，总面积202.6平方千米。

③ 新州镇，隶属于海南省儋州市，地处儋州市西北部，东与东成镇为邻，南连王五镇，西邻白马井镇，北接木棠镇，总面积79平方千米。

鱼叉、网坠、晒鱼耙、渔家服饰、指北针、切鱼刀等类别;4月,我馆藏品征集部工作人员赴琼海市博鳌镇、潭门镇进行征集调研工作,在走访途中采集了部分造船工具。

图2-2 征购渔民生产生活工具　　　　图2-3 征购海南民族文物

2016年4月18日,为充实我馆二期"琼戏台——琼州表演艺术陈列"的展陈内容,我馆工作人员征购到海南公仔戏道具一批,共计64件(套),主要包括木牌、铜锣、幕布、戏冠、发饰、戏服等道具。

图2-4 征购海南公仔戏道具

2016年4月中旬，为充实我馆二期基本陈列"南溟泛舸——南海海洋文明陈列"的展陈内容，我馆藏品征集部工作人员赴陵水黎族自治县进行征集调研工作，在途经陵水黎族自治县新村镇做疍家①文化调研工作时，从海燕管区村民吴亚四处征购到疍家渔民服饰及生产工具9件（套），主要包括玻璃浮标、渔民草帽、疍家妇女上衣、疍家妇女头巾等；4月21日，我馆征购到民国至现代海南叶氏家族宗谱1部。

　　2016年4月25日，为充实我馆二期"琼戏台——琼州表演艺术陈列"的展陈内容，我馆藏品征集部工作人员征购到公仔戏人偶一批，共计19件（套），人偶题材主要包括武生、武旦、媒婆、老虎、文生、丑角、官员、小雷、夫人等；5月，我馆藏品征集部工作人员征购到人偶戏②人偶一批，共计18件（套），人偶戏题材主要包括皇帝、皇妃、军师、将军、老帅、家院、文生、武生、夫人、媒婆、童子等。

　　2016年6月，为丰富我馆二期"方外封疆——海南历史陈列"的展陈内容，我馆藏品征集部工作人员赴海口骑楼老街③展开征集调研工作，向藏家刘涛征购到历史文物约1060件（套），主要分为陶瓷器类及钱币类，陶瓷器共征购60件（套），其中包括清代至民国青花花卉碗、釉上彩鸡纹瓷碗、白釉碗、釉上彩荷叶鸳鸯纹碗、釉上彩花卉纹果盘（外销法国）、青花四系花卉纹罐等类别；钱币类主要为18世纪至20世纪国外通用硬币，囊括了奥匈帝国、英国、法国、美国、荷兰、比利时、意大利、奥地利、秘鲁、墨西哥、印度、日本、伊朗、缅甸、泰国、沙特阿拉伯、加拿大、澳大利亚、马来西亚、印度尼西亚、韩国、新加坡、越南等国货币。

---

　　① 疍家，又称艇户，是广东、广西、福建、海南一带，以船为家的渔民，世代以打鱼为生，而不在陆地上置业。疍家分为福州疍民和广东疍家人。

　　② 人偶戏，是海南省临高县的一种具有地方特色的表演形式。人偶戏的演出以人偶同台为特色，以艺人的声色来补充手中公仔的声色的不足。它的演唱以临高话作为语言媒介，与临剧的声腔相同。海南的人偶同台木偶戏兴盛于临高县，与其他地方的木偶戏有很大的区别。

　　③ 海口骑楼老街，是海口市一处最具特色的街道景观，其中最古老的建筑——四牌楼建于南宋，至今有700多年历史。海口骑楼街区的发展源于海上贸易与航运的发展，当时海口海运航线可到达曼谷、吉隆坡、新加坡、越南西贡和海防以及我国的香港、厦门、台湾、广州、北海等地。因而活跃于东南亚与大陆沿海区域的商户和劳工成为传播南洋文化的载体，也将各地的建筑风格和样式带到海口，形成了海口骑楼建筑历史文化街区欧亚混合的城市风貌。

图 2-5　我馆向藏家刘涛征购历史文物

2016 年 7 月，我馆工作人员赴琼海市潭门镇进行征集调研工作，在潭门村村民麦健花、伍振雄处征购到历史文物 2 件（套），分别为：①《东海更路簿》，此件文物为民国时期海南琼海渔民所抄录，名为《东海更路簿》，是记载海南渔民在西沙、南沙航海和渔业生产实践经验的特色文献；②两院禁示碑①，此件文物是藏家伍振雄在 2000 年建房挖地基时，在约两米深的地下挖掘出来的文物。从碑文内容推断出该石碑年代为明末清初，为当时通商贸易用途的禁示碑文。

2016 年 9 月，为充实我馆二期基本陈列"方外封疆——海南历史陈列"的展陈内容，我馆向藏家蔡于良征购到历史文物 70 件（套）。这批历史文物以陶瓷器为主，时代为明代至民国，主要包括青花夔龙纹酒杯、青花花卉纹碗、青花佛手纹盘、青花龙凤纹斋碗、石湾窑绿釉柱形灯、广彩人物花卉纹酒杯、青花"福禄寿"字钵形撇口炉、青花"寿"字提梁壶、青花花蝶纹冬瓜形盖罐、青花缠枝花卉纹醋壶等瓷器品类。

2016 年 10 月，为丰富我馆二期基本陈列"木中皇后——海南黄花梨陈列"的展陈内容，我馆向藏家陈爱、符燕、符集玉征购到黄花梨藏品 127 件（套），主要包括黄花梨摆件、黄花梨标本、黄花梨香炉、黄花梨烛台、黄花梨火药枪、黄花梨枕凳、黄花梨弓钻、黄花梨折叠枕、黄花梨三足鼎立标本、黄花梨婴儿车（主体是花梨）、黄花梨打纬刀、黄花梨木工刨子、黄花梨编席框、黄花梨酒杯、黄花梨

---

① 禁示碑，指的是立于山脚、佛寺、墓葬边的具有禁示意味的碑文。碑文记载了该建筑群的建筑时间，类似于墓志铭、碑铭文。

墨斗、黄花梨二胡(拉弦弓为竹质)、黄花梨独木牛铃、黄花梨牛轭等类别。

2016年12月,为充实我馆二期"南溟泛舸——南海海洋文明陈列""琼崖村——海南少数民族非遗陈列""香中魁首——海南沉香陈列"的展陈内容,我馆藏品征集部工作人员赴琼海市、三亚市、五指山市、澄迈县①、乐东县、临高县、陵水县、儋州市进行征集调研工作,从琼海市潭门镇村民黄庆河处征购到鱼灯及龙珠等藏品10件(套),从琼海市阳江镇征购到东坡笠②等竹编艺术品20件(套),从琼海市中原镇王坚处征购到非遗椰胡藏品7件(套),从琼海市博鳌镇村民麦华平处征购到渔船2艘,从三亚市回新村村民哈少林处征购到回族服饰及头饰2件(套),从五指山市南圣镇什拱村村民陈秀兴处征购到苗族服饰及民俗文物5件(套),从澄迈县人陈开健处征购到沉香藏品及民族生产工具6件(套),从儋州市三都镇渔民处征购到渔民生产工具14件(套),从乐东黎族自治县利国镇村民黎吉顺处征购到石狗、发簪等民族文物及渔民生产工具87件(套),从临高县新盈镇昆社村征购到渔民服饰及渔民生活工具12件(套),从陵水县新村镇村民赵家龙处征购到疍家渔民服饰及疍家渔民生产生活工具17件(套),予以展陈使用。

图2-6 征购渔民生产生活用具等展品

① 澄迈县,位于海南岛的西北部,环北部湾城市群的县,毗邻省会海口市,自西汉元封元年(前110)置县已有2000余年,是西汉时期海南三大历史名邑(即玳瑁、紫贝、苟中)之一。海榆中西干线、环岛西线高速、中线高速、绕城高速、粤海铁路和西环高铁均穿越境内。

② 东坡笠,是海南民间传统遮阳帽,采用竹篾精工编织而成。形状为圆形尖顶,戴上它能有效阻挡烈日和大雨。2014年,东坡笠入选海南省非物质文化遗产名录。

2016年12月下旬，为丰富我馆二期"方外封疆——海南历史陈列"的展陈内容，我馆藏品征集部工作人员经过多次征集调研走访和相关专家的鉴定评估，从海口市藏家王卓伟处征购到东汉时期北流型四蛙纹四系铜鼓1件，从海口市藏家蔡于良处征购到清代至现代海南居民使用过的家具83件（套），主要包括东京木雕博古纹公方几、东京木雕博古纹公座椅、樟木雕山水人物纹小箱、杉木雕瓜果纹木构件、东京木刻对联（卷锦式构件）、杉木雕人物纹窗花、木雕鹿纹靠背、柚木雕神龛门（对联）、木雕"敬礼我先祖"木板、荔枝木雕花公座椅、荔枝木雕花公方几、菠萝格木雕人物高方桌、酸枝木镜屏、荔枝木雕花供案、柚木雕"福禄寿"纹公座椅、樟木雕山水人物纹小箱、东京木雕凤纹木构件、波罗蜜木雕狮纹公座椅等家具类别。

2017年1月，为丰富我馆二期"方外封疆——海南历史陈列"的展陈内容，我馆藏品征集部工作人员向藏家刘涛征购到民国至当代历史文物约590件（套），主要分为金属杂项类及印章类。金属杂项类文物共征购391件（套），包括八角槟榔盒、烛台、首饰盒、文书盒、木碾、油灯、汽灯、老商号无线铜座、锡壶、葫芦瓶、金属罐、荷叶茶盏（垫）、陶药罐（老字号）、筷笼、铜壶、木雕像、雷令牌、龙王（花瑰艺术）、太师椅、量米斗、黄花梨算盘、钱板、陶权、防伪坛盖（老字号）、秤砣、杵臼、青天白日勋章①、黄色云母片望远镜、黑色牛皮套铁制望远镜、老电话机、搪瓷底座带抽屉描花"Cafe"咖啡机、大手摇轮纯铁带木抽屉咖啡机、福禄寿插屏、挂钟、新加坡产罗马数字怀表、石湾窑镂空雕花花瓶等。印章类文物共征购199枚，主要包括民国时期保安堂印章、文盛堂印章、琼荣兴印章、合利号收货章、护封印章、遇春堂印章、隆盛泰印章、裕兴号印章、义成隆号印章、贴堂印章、长城摄影院印章（白延市、胜利街）、康成贸易公司印章、海口符源记印章、锦成号印章、永和隆有限公司印章、"再来诊脉，携回远方"印章、海南省华侨物资总公司印章、白鹅商标永兴针线印章等类别。

2017年1月，为充实我馆二期"方外封疆——海南历史陈列"的展陈内容，我馆向广东藏家姜运南征购民国服饰41件（套），主要包括民国女子筒裤、民国

---

① 青天白日勋章，为中华民国国民政府时期的军职勋章。此勋章的颁授对象是保家卫国、抵御外侮的有功军职人员。其等级仅次于国光勋章。截至2020年，获颁人数共有211人。此勋章于1929年5月15日由中华民国国民政府公布《陆海空军勋章条例》时颁行，国民党迁台后，台湾当局继续沿用至今。

女子刺绣上衣、民国女子刺绣筒裙、民国女子碎花上衣、民国男子筒裤、民国女子上衣、民国男子长袍、民国女子长衫、民国男子长衫、民国女子旗袍、民国男子马甲、麻布等服饰类别。

2017年1月,为丰富我馆二期"南溟泛舸——南海海洋文明陈列""琼崖村——海南少数民族非遗陈列"的展陈内容,我馆向海口藏家符勇先生征购到民族民俗文物及渔民生产工具共计310件(套),其中民族民俗文物包括苗族[1]女子婚礼服、苗族男子婚礼上衣、苗族仿清哨官帽、苗族女子绑腿织锦带及工具、苗族女子织锦腰带及工具、苗族女子刺绣方形头帕、苗族女子白色腰带、苗族女子围脖、石盆、猪槽、石构件、万字纹花卉浮雕柱础[2]、木扁担、石权[3]、坩埚、小石臼[4]、小石杵、多功能锤、扁担、虾笼、木犁、牛轭、标枪、甄酒器、大竹盖、谷筛、米升、椰子勺、蛙笼、蓑衣等类别,渔民生产工具包括船舵、竹鱼篓、螺旋桨、浮球(黑色)、鱼笼、鱼篓等类别。1月6日,我馆向海口藏家廖善新征购到黎族、苗族妇女服饰共12件(套),包括黎族润方言缝缀琉璃珠女子服装、黎族润方言蝴蝶纹双面绣女子服装、黎族润方言蜘蛛纹双面绣女子服装、黎族哈方言蛙纹女子上衣(罗活)、黎族哈方言蛙纹女子筒裙(志强)、黎族哈方言女子上衣(抱由)、黎族哈方言女子筒裙(哈恨)、黎族哈方言哈应女子服装、黎族杞方言人纹筒裙、黎族哈方言菱形纹头巾、黎族人纹单面织被、苗族妇女服饰。同时,我馆向海口藏家庞辉电征购到民族民俗文物62件(套),主要包括石狮、火山石双联砚台、石龟、双手三足石香炉、福宁社铭双耳石香炉、孔雀纹胸牌长命富贵银锁、银腰带、螃蟹形胸坠、银麒麟胸牌、嵌珐琅婚礼银头饰、银手镯、铜穿杖(法

---

[1] 苗族,主要分布于中国的黔、湘、鄂、川、滇、桂、琼等省区,以及东南亚的老挝、越南、泰国等国家和地区。苗族有自己的语言,苗语属汉藏语,系苗瑶语族苗语支,分湘西、黔东和川黔滇三大方言。由于苗族与汉族长期交往,有一部分苗族人兼通汉语,并用汉文。苗族的宗教信仰主要是自然崇拜和祖先崇拜。

[2] 柱础,是中国建筑构件的一种,俗称磉盘或柱础石,它是承受屋柱压力的基石。凡是木架结构的房屋,可谓柱柱皆有,缺一不可。古代中国人民为使落地屋柱不潮湿腐烂,便在柱脚上添上一个石墩,使柱脚与地坪隔离,起到绝对的防潮作用,同时也加强了柱基的承压力。

[3] 石权,即石秤砣,它是古代衡器之一。秤砣称"权",秤杆称"衡",二者结合才能用来称量东西。"权衡"一词即由此而来。

[4] 石臼,是人类以各种石材制造的,用以砸、捣、研磨药材和食品等的生产工具,古代称"碓"。

器)、西洋铜钟、仿明万历十三年铭铜钟、刻花针线盒、刻花独木枕、雕花踞腰织机构件、刻花牛角火药筒、民居人物陶雕、刀鞘、黄花梨木刀、独木鼓等文物类别。

　　2017年5月，为充实我馆二期"南溟泛舸——南海海洋文明陈列"的展陈内容，我馆从三亚疍家文化陈列馆①复制渔民生产工具146件(套)，主要包括线胡、狗仔、鲳鱼诱板、饭勺、米升、椰头炊、网卡、雷公车、网袋、水钟、鱼扒、盐扒、五指钗、三指钗、鱼钩、射鱼叉、知网棋、木梭、鱼钩夹、水砣、鱿鱼钩、拖网铅块、网仔铅块、抛网铅块、地网铅块、理线车、浮头灯、口当碗架、中和纲、马鲛纲、鲨纲、鹤纲、麻鱼纲、粗纲、细纲、鱼篮、椰子衣缆绳、鸡藤缆绳、白麻缆绳、野菠萝根缆绳、红麻缆绳、曲麻藤缆绳、竹丝缆绳、木浮子等类别。

图2-7　我馆从三亚疍家文化陈列馆复制渔民生产工具

---

①　三亚疍家文化陈列馆，2015年9月28日在三亚天涯区南边海新渔村正式开馆。展馆分为沧桑岁月、生产生活、民俗服饰、咸水歌等8个疍家文化展区，包括捕捞工具、渔船模型、渔民服饰等上千件藏品，从不同角度展示了三亚疍家人的精神风貌和民风民俗，体现疍家文化历史的演变与精髓。

2017年9月，我馆向广东藏家姜运南征购到海南文献档案资料63件(套)，包括马来西亚藤坡琼崖会馆纪念照、雪兰义琼州人民聚居区俱乐部成立纪念照（背景左右均为琼崖侨批局建筑）、马来西亚淡边埠琼州会馆会员证、马来西亚万宁社互助会员证、清代海南海关年报、海南籍国民党高级军官韩汉英身份证、琼剧唱片、《海南岛黎族社会组织和经济组织》书籍、文昌人在越南西贡①的照片及护照、文昌人在越南西贡的船票、《海南岛民族志》（德文原版）、《民俗》复制品（内有黎族摄影）、海口侨批局②业务信件、调查琼崖实业报告书、海口侨批局业务信件、《琼潮》总1期、泰国寄海南侨批封、泰国寄上海侨信件、泰国寄上海侨信封、1958年海南寄上海信件、1958年上海寄海南信件、1959年海南寄上海信件、泰国寄海南文昌信件等纸质文物，丰富了我馆二期"方外封疆——海南历史陈列"的展陈内容。

2017年9月，为充实我馆二期"香中魁首——海南沉香陈列"的展陈内容，我馆向海口藏家丁宗妙先生征购到沉香标本32件(套)，向海口藏家李宪传先生征购到沉香标本19件(套)，包括整体排油、老板头、板头吊丝、板头、人工吊丝、吊口、新板头、老顶头、板头加吊口、钻孔（凿洞人工香）、排油、皮油、壳子香、锯口、包头、蚁漏、打孔、黄油水格（人工香吊针）、根部虫漏、广东茂名人工打钉香、越南包头、印尼沉水树心油、海南黑油老板头吊口、老挝树心油、斯里兰卡树心油、马来西亚皮油、缅甸树心油、马来西亚黄油格、泰国蚁漏、香港虎斑奇楠、老挝人工火钻香、广东蚁漏、广西蚁漏、广东火钻法沉香（1年）、老挝人工输液沉香（1年）、广东打钉法沉香（2年）、降真香等类别；9月中旬，我馆征购到海口椰雕工艺品11件(套)，分别为妇娥奔月瓶、花蝶酒壶、六角梅花茶叶罐、龙碗、梅花匾额、梅花瓶、双仙供寿盒、椰岛风光茶壶、椰风海韵瓶、三月三瓶、天涯欢歌瓶。

2017年9月中旬，为充实我馆二期"琼工坊——海南传统手工技艺陈列""琼崖村——海南少数民族非遗陈列""琼戏台——琼州表演艺术陈列""南溟

---

① 西贡，是越南胡志明市的旧称，在湄公河三角洲东北，同耐河支流西贡河右岸，距出海口800千米，面积2090平方千米。

② 侨批局，实际上就是侨信局，因为福建方言把"信"叫"批"，所以习惯把为华侨通信服务的侨信局称为侨批局。侨批局对华侨服务周到，信誉卓著，几乎垄断了华侨寄信和汇款的业务。

图2-8　我馆征购海口椰雕工艺品

泛舸——南海海洋文明陈列"的展陈内容,我馆藏品征集部工作人员赴海口、保亭黎族苗族自治县、乐东黎族自治县、陵水黎族自治县、五指山各市县进行征集调研工作,从保亭黎族苗族自治县藏家王秋英处征购到黎族传统竹木乐器13件(套),包括木胡、鼻箫①、灼吧、铁口弓、铜口弓、竹口引、口拜、唎咧等类别;从藏家邝杰英处征购到海南琼剧系列藏品186件(套),包括青衣花旦服、男将军服、女将军服、大龙袍天子服、小生服、臣子服、小武将服、包公老生服、小龙袍、太子服、士兵服、太监服、媒婆服、员外服、文生服、穷生服、老旦服、轿夫服、小姐服、丫鬟服、女旦服、老式中胡、海南黄花梨二胡、海南黄花梨唢呐、高边锣、小双铃、中锣、草花子鼓、木制子鼓、老式琴胡、海南特色椰壳板胡、海南二胡、老式留

---

① 鼻箫,用鼻子来吹奏的箫,是黎族富有特色的边棱气鸣乐器,因用鼻孔吹奏而得名。黎语称虽劳、屯卡、圆哈。

声机与黑胶片、老式琼剧唱片及磁带等类别；从乐东黎族自治县藏家胡少琴、周启干处征购到黎族哈方言女子服饰、黎族工艺品18件(套)，包括黎族女子婚礼图筒裙、黎族杞方言女子筒裙、黎族杞方言女子服装、黎族哈方言男子犊鼻裤、黎族雕花踞腰织机、黎族润方言女子筒裙、黎族哈方言女子上衣、黎族美孚方言女子扎染筒裙、双人头骨簪、树叶形骨簪、刻花单体骨簪等类别；从陵水黎族自治县藏家赵兴武处征购到疍家服装及生产生活工具3件(套)，包括疍家女子服装、航海罗盘、二人抬木工大锯；从五指山市南圣镇什拱村村民陈秀兴征购到海南苗族民俗文物9件(套)，主要包括盘皇面具、苗族女子盛装帽、苗族女子头巾、苗族女子常装、苗族男子常装等类别。

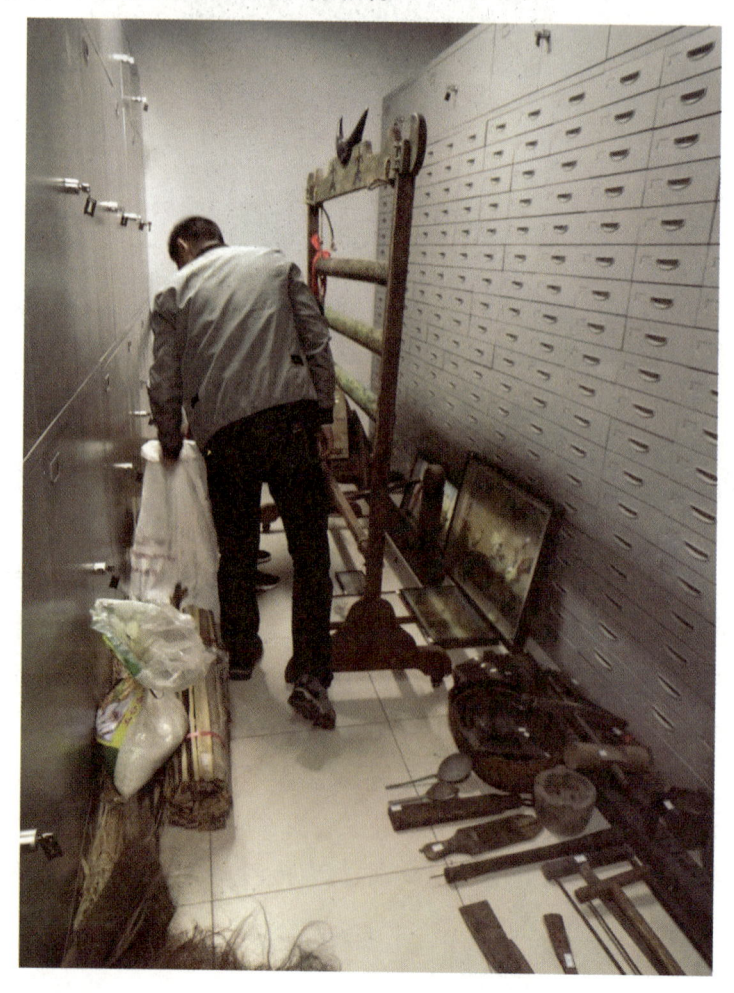

图2-9 征购民族民俗文物

2017年12月,我馆通过多次省内走访征集调研工作,向海口大明堂征购到黄花梨等木材标本8件(套),向藏家戴好富征购到采香工具2件(套),向藏家王树群征购到非遗藏品7件(套),向保亭黎族苗族自治县藏家黄照安征购到海南黎族竹木乐器藏品16件(套),向藏家梁其木征购海南民族民俗文物51件(套)。黄花梨等木材标本包括黄花梨切面标本、荔枝木切面标本、沉香木切面标本、罗果格木切面标本、油楠木切面标本、波罗蜜木切面标本、青梅木切面标本、香楠木切面标本;采香工具包括勾丝刀、铲香刀;非遗藏品包括压粉机、藤编笠(6件);海南黎族竹木乐器藏品包括传统单管哔哒[①]、木胡、嗒管、红篓、黄篓、小哒唠(2件);海南民族民俗文物包括鱼形搓板、双筒竹形筷子笼、双筒僧帽形"福禄寿、百子千孙"字筷子笼、单筒精工花卉纹筷子笼、藤编双面底板篓筐、竹酒筒、草席编筐、铁梨木草席编筐、加重形木工手钻、贝雕画、沉香独木枕、陶炉、蓑衣、筐锯、双头镐、尖头枪、平头砍刀、双手把刨刀、平口镰刀、勾丝刀、铲香刀、墨斗、圆筒木工钻、瓜果刨刀、椰子刨刀、饭勺等类别。以上征购到的藏品为我馆二期"木中皇后——海南黄花梨陈列""香中魁首——海南沉香陈列""琼崖村——海南少数民族非遗陈列""琼工坊——海南传统手工技艺陈列"提供了丰富的展品支撑。

2017年12月,为丰富我馆二期"琼工坊——海南传统手工技艺陈列""琼崖村——海南少数民族非遗陈列"的展陈内容,我馆藏品征集部工作人员通过多次走访调研,向藏家符勇征购到海南晒盐工具、黎锦、椰雕藏品45件(套),主要包括过滤茅草、过滤竹片、过滤泥沙、带叉木棍、山栏稻、黎族哈方言抱怀女子筒裙、麒麟献瑞纹椰雕罐、椰雕工具及半成品、脚踏石臼工具、石磨、陶糖漏、陶罐、石药碾、文身工具等类别。

2018年1月,为丰富我馆二期"琼工坊——海南传统手工技艺陈列""琼崖村——海南少数民族非遗陈列""香中魁首——海南沉香陈列""木中皇后——海南黄花梨陈列"的展陈内容,我馆藏品征集部工作人员赴省内各市县进行征

[①] 哔哒,黎族竖吹、双管、单簧气鸣乐器,富有浓郁的地方特色,也称"黎族排箫"。哔哒由两根细竹管并列绑扎而成。管长25厘米至30厘米,每根管上开有2到4个音孔。两根细竹管的孔距和吹口位置均相同。在管首吹口剖有一个小裂口,使表皮成簧片。吹奏时,嘴含住两个吹口,手指同时按住两管的音孔,由于两管音高不一而产生音差,因此形成了一种独特的音响效果。

集调研工作,征购到澄迈县藏家徐日龙收藏的"花瑰艺术"制作工具63件(套),从大明堂征购到黄花梨藏品5件(套),征购到藏家符勇收藏的海南非遗藏品30件(套),征购到藏家魏希望收藏的沉香香具16件(套),征购到藏家梁其木收藏的海南民俗文物23件(套),征购到藏家伍焯棒收藏的黄花梨藏品18件(套),征购到琼剧服饰3件(套)。"花瑰艺术"制作工具包括筐锯、手锯、斧子、平口凿、圆口凿、圆口刻刀、平口刻刀、彩绘笔、笔筒彩绘颜料盘、陶盆等类别;大明堂及伍焯棒的黄花梨藏品包括黄花梨枕头箱、黄花梨两节柜、海南黄花梨树标本(2件)、黄花梨药箱、海南黄花梨茶具套装、海南黄花梨福寿纹靠背椅、海南黄花梨博古纹靠背椅、海南黄花梨芯材标本、海南黄花梨恐龙雕件、海南黄花梨牌九、海南黄花梨壁挂、海南黄花梨"民足食"字筷子笼、海南黄花梨春凳、海南黄花梨切片标本、海南黄花梨半桌、海南黄花梨凤凰根雕、海南黄花梨凉榻、海南黄花梨竹节标本等类别;海南非遗藏品包括独木凳、中牛皮凳、高牛皮凳、高藤凳、中藤凳、构树、见血封喉树、藤筐染色棉线、木棉棉花、草棉棉花、黄色染料、弹木棉花筐等类别;沉香香具包括铜质刻花六棱香瓶、银镂空首观音香箸(香筷)、酱釉"橘子流芳名"香药方瓶、琉璃瓶原装龙脑香、青花炉瓶三事纹盒盖、"周虞六俻"款黑漆六棱香药盒、银累丝镏金兰花纹香囊、银累丝镏金博古纹香囊、银烧蓝桃形香盒、"粤东"款铜质行军通关散、"广芝馆"铜质行军散及银质行军散、日本印刷的《海南岛略图》、白木香树标本等类别;海南民俗文物包括椰花叶锅铲、锯弓校刀、针线竹筐、割草刀、剑麻分丝刀、椰壳勺子、独木勺子、紫铜茶壶、公鸡碗等类别;琼剧服饰包括五凤冠、太监帽、太子冠。

2018年1月下旬,我馆向海口藏家丁宗妙先生征购到沉香标本10件(套),包括沉香种子、沉香花、小斗笠、青桂、顶盖、包头、吊口、树心格、虫漏、通体结香、标本树。

2018年2月初,我馆藏品征集部工作人员征购到贝雕工艺品5件(套),征购到草席编织工具1套,征购到沉香采香工具铲香刀2套,同时赴陕西法门寺博物馆复制古代香具香宝子,丰富了我馆二期"琼崖村——海南少数民族非遗陈列""香中魁首——海南沉香陈列"的展陈内容。

2018年7月,为了更好地展示海南本地的沉香文化,丰富我馆沉香专题展"香中魁首——海南沉香陈列"的展陈内容,我馆藏品征集部工作人员赴广东省进行征集调研工作，从广东省文物总店征购到香具展品 14 套(15 件)，包括黄杨木镂雕、十八罗汉香筒、玛瑙香炉、景泰蓝香炉、锡香薰盒、木制掏膛香筒、花丝缧丝烧蓝嵌松石狮纽香罐、清银质三足三开光人物故事香炉、红釉直筒炉、青釉暗花三足炉、青花博古三足炉、铜香盘、铜香炉(2 件)、哥瓷青花筒式三足炉。经文物专家鉴定，该批香具为明代至民国时期的玛瑙、银、铜、瓷、锡、木等材质的器物，均为与香文化有关的香具，符合年代特征及我馆展陈的需要。

2018 年 8 月，为了更好地展示海南本地的沉香文化，丰富我馆沉香专题展"香中魁首——海南沉香陈列"的展陈内容，我馆藏品征集部工作人员赴上海市进行征集调研工作，从上海文物总店征购到古代香具 12 件(套)，包括铜海棠形香炉、铜方耳洗式炉、铜象耳炉、铜狮耳炉连座、铜刻龙纹炉、铜双耳衔环炉、铜索耳三足炉、铜竹节炉、明万历青花海马纹香炉、清顺治青花折枝花卉纹香炉、豆青香炉(明中晚期景德镇仿龙泉香炉)。经文物专家鉴定，该批香具中，铜炉均为清代制，明代制瓷炉有 2 件，清代制瓷炉有 1 件，符合我馆展陈的需要。8 月中旬，我馆征购到云锦①织机 1 部，丰富了我馆专题展"琼工坊——海南传统手工技艺陈列"的展陈内容。

2018 年 11 月，我馆向海南香树沉香产业股份有限公司征购到沉香标本 8 件(套)，包括树心油、吊口、人工香等类别，丰富了我馆沉香专题展"香中魁首——海南沉香陈列"的展陈内容。

2018 年 11 月，为进一步充实我馆二期沉香专题展"香中魁首——海南沉香陈列"的展陈内容，我馆藏品征集部工作人员赴南京、天津进行征集调研工作，向南京藏家应海康先生征购到古代香具汉代飞鸟带柄熏炉、六朝手持铜香炉共 2 件(套)。

2018 年 11 月，我馆藏品征集部工作人员赴湖南省文物总店②、南京文物

---

① 云锦，是中国传统的丝制工艺品，有"寸锦寸金"之称，其历史可追溯至东晋义熙十三年(417)在国都建康(今南京)设立专门管理织锦的官署——锦署，至今已有 1600 多年历史。如今云锦还保持着传统的特色和独特的技艺，一直保留着传统的提花木机织造技艺，这种靠人的记忆编织的传统手工织造技艺仍无法用现代机器来替代。

② 湖南省文物总店，于 1989 年 9 月 19 日成立，法定代表人是郭学仁。公司经营范围包括文物经营、文物鉴定、文化活动的组织与策划、文化艺术咨询服务、文化产品研发、工艺品、贵金属制品的销售、珠宝首饰的零售等。

公司①、云南省文物总店有限公司②征集古代香具,向湖南省文物总店征购到古代香具6件(套),向南京文物公司仓库征购到古代香具4件(套),向南京文物公司门店征购到古代香具及黄花梨藏品8件(套),向云南省文物总店有限公司征购到古代香具12件(套)。湖南省文物总店的香具包括清代铜狮子踩绣球香薰(2件)、清代银制绳捕帆船、清早期(顺治)青花龙纹香炉、清代童子牧牛铜香薰、竹雕人物香筒;南京文物公司仓库的香具包括明代玉琴炉、西汉柿蒂纹铜豆型香薰、东汉原始瓷褐釉飞鸟钮熏炉、民国铜香薰三件套;南京文物公司门店的香具及黄花梨藏品包括清代菊瓣纹水晶香盒、清代豆青釉暗刻花卉狮钮香薰、清中期黄花梨笔筒、清中期铜镂雕三足龙纹大香薰、清代海南黄花梨笔筒、民国黄釉香筒、清代粉彩"寿"字香碟、玳瑁雕花香盒;云南省文物总店有限公司的香具包括民国白铜嵌红铜錾刻诗文五层方香薰、明代"大明弘治年制"款铜四足绳耳炉、明代铜鎏金狮钮双耳三足薰炉、清代铜鎏金山水花鸟纹椭圆形香盒、明代铜鎏金寿星骑鹿大香薰、清末青白玉龙钮兽面纹双凤耳三足炉、清初"大明宣德年制"掐丝琅花卉纹双耳三足炉、明初龙泉窑刻花花卉双耳三足炉(银盖19世纪日本配)、明末沉香木雕漆金自在观音像、清代紫檀木镂雕盘根鼎形香薰、清代竹根雕螭钮缠枝花卉纹香薰、明初竹雕镂空人物纹香囊。

  2019年2月,为进一步丰富我馆沉香专题展"香中魁首——海南沉香陈列"的展陈内容,我馆向南京藏家季生德先生征购到两晋青釉簋式香薰1件,该件香薰保存完整,釉色尚佳(部分被侵蚀),反映了六朝时期南方的生活习俗,有着重要的历史研究和展陈价值。同时,我馆向藏家宁宏艳征购到沉香标本6件(套),包括黑油/山名耸立(缅甸)、树心油(斯里兰卡)、沉香山子(海南)、黄油格/直插云霄(泰国)、树心油(菲律宾)、绿奇楠(海南)。这几件沉香标本产自东南亚国家与我国海南省,包括泰国大块实心黄油格、菲律宾树心油及海南绿奇楠等,品质较高。其中海南绿奇楠为满油树心,自然发出浓郁的香味,较为难得,具有一定的观赏价值。

---

  ① 南京文物公司,于1991年4月1日成立,法定代表人是陈卫国。公司经营范围包括文物收购、零售、寄售,工艺美术品,裱画工具,百货,电器机械,纺织品,金饰品零售,文物、艺术品、字画、瓷器的鉴定,保管,信息咨询及售后服务,提供劳务、职业技能培训、自有房屋租赁等服务。

  ② 云南省文物总店有限公司,于1992年2月14日成立,法定代表人王昆。公司经营范围包括购销流散文物,国家允许出口的文物复制品、仿制品的销售和制作等。

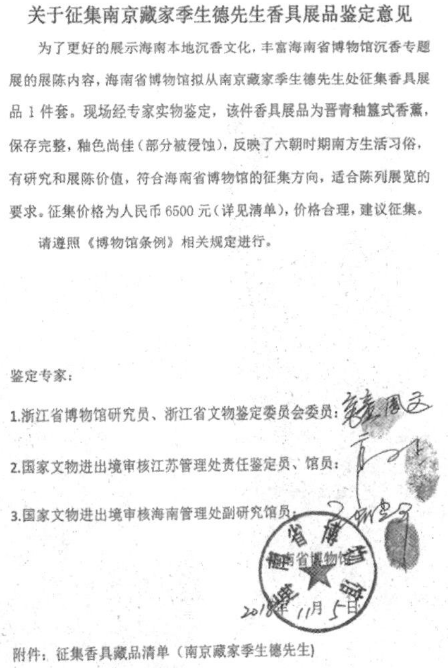

关于征集南京藏家季生德先生香具展品鉴定意见

　　为了更好的展示海南本地沉香文化，丰富海南省博物馆沉香专题展的展陈内容，海南省博物馆拟从南京藏家季生德先生处征集香具展品1件套。现场经专家实物鉴定，该件香具展品为晋青釉篦式香薰，保存完整，釉色尚佳（部分被侵蚀），反映了六朝时期南方生活习俗，有研究和展陈价值，符合海南省博物馆的征集方向，适合陈列展览的要求。征集价格为人民币6500元（详见清单），价格合理，建议征集。

　　请遵照《博物馆条例》相关规定进行。

鉴定专家：
1. 浙江省博物馆研究员、浙江省文物鉴定委员会委员：
2. 国家文物进出境审核江苏管理处责任鉴定员、馆员：
3. 国家文物进出境审核海南管理处副研究馆员：

附件：征集香具藏品清单（南京藏家季生德先生）

图 2-10　南京藏家季生德香具展品鉴定意见

　　2019年3月，我馆向藏家伍焯棒征购到黄花梨藏品10件（套），包括海南黄花梨鼎式盖盒、海南黄花梨花瓶栏杆柱、海南黄花梨高脚杯、海南黄花梨砚盒、海南黄花架"寿"字高脚杯、海南黄花梨独木儿童玩具车、海南黄花梨茶壶、海南黄花梨茶杯、海南黄花梨木臼（杵）、海南黄花梨床帷子双喜构件。这几件海南黄花梨藏品是出产于海南岛的特有的黄花梨，时代为清早期至当代，是了解海南历史民俗生活和海南黄花梨科普知识较好的实物资料，丰富了我馆二期黄花梨专题展"木中皇后——海南黄花梨陈列"的展陈内容。

　　2019年7月，为进一步充实我馆二期专题展"香中魁首——海南沉香陈列"的展陈内容，我馆向海南香树沉香产业集团股份有限公司征购到沉香标本10件（套），向藏家宁宏艳征购到沉香标本5件（套），向南京文物公司征购到古代香具11件（套）。沉香标本包括老板头、老顶头（3件）、树丁、吊口（2件）、蚁漏、虫漏、包香、吊口摆件（海南沉香）、虫漏（海南沉香）、树心油（海南沉香）、火钻香（海南沉香）、打钉（海南沉香）；香具包括汉代鎏金行炉、唐代带托盘铜香盒(1套)、晚唐荷花行炉、宋代铜鎏金香具(8件)、宋代铜鎏金香勺(8件)、宋代香押、明代龙泉香插、明代龙泉弦纹炉、隋代香薰、宋代香勺(11件)、清代凤凰香薰。

图 2-11　我馆邀请专家鉴定沉香标本　　图 2-12　我馆邀请专家鉴定沉香摆件

2019年7月，我馆向中国书店来薰阁书店征购到清代顺治刻本《本草纲目》1部4函30册，另征购到日本江户时代小判金①3件，南宋金铤②1件。判金是日本江户时代③的流通货币，明代后期通过荷兰商人带到中国作为海外贸易货币，是见证明代末期中国海上贸易的珍贵文物。南宋金铤铭文疑为"十分赤金"，为黄金的成色，说明当时的黄金货币已经参与到海外贸易中。该件金铤对于研究海上丝绸之路，弥补馆藏缺环，丰富我馆专题展"方外封疆——海南历史陈列"的展陈内容有着重要的意义。

---

① 小判金，是日本江户时期通用金币之一种，呈薄圆形，为标准金币，一枚为一两。日本战国时代尤其是安土桃山时期虽有铸造，但并未流通。

② 金铤(音tǐng)，为熔铸成条块等固定形状的黄金，重数两、数十两不等。

③ 江户时代(1603—1868)，是日本历史上封建武家时代的最后一个时期，统治者为三河德川氏。从庆长八年(1603)德川家康在江户开创幕府开始计算，历时265年；从庆长二十年(1615)大阪夏之阵灭丰臣氏，统一全国开始计算，历时253年。

关于征集中国书店有限责任公司来薰阁书店古籍资料《本草纲目》的鉴定意见

为了更好的展示海南本地历史文化，进一步充实海南省博物馆藏古籍资料，海南省博物馆拟从中国书店有限责任公司来薰阁书店征集古籍资料《本草纲目》一部4函30册。现场经专家实物鉴定，该部古籍《本草纲目》为清顺治刻本无误，卷帙不缺，书品一般，有研究和保存价值；符合海南省博物馆的征集方向，征集价格为人民币68000元（详见清单），价格合理，建议征集。

鉴定专家：
1．中国科学院大学教授、博士生导师：
2．复旦大学保护研究院特聘教授：
3．南京大学图书馆研究员：

附件：征集中国书店有限责任公司来薰阁书店古籍资料清顺治版《本草纲目》清单

图2-13　古籍资料《本草纲目》鉴定意见

征集钱币鉴定意见

为了更好的展示海南本地历史文化，进一步充实海南省博物馆海南历史文化的展陈内容，我馆征集部工作人员拟征集钱币4件，现场经专家鉴定：

（1）日本江户时代壹两小判金三件。判金是日本江户时代的流通货币，明代后期通过荷兰商人带到中国作为海外贸易货币，是见证明末中国海上贸易的直接文物。

（2）南宋十两金铤。南宋十两金铤非常少见，铭文载为"十分赤金"，为黄金的成色。说明当时的黄金货币已经参与到海外贸易中，意义非常重大，可定为国家一级文物。

上述金币据介绍为南海出水，流失民间，对于研究海上丝绸之路，填补馆藏缺环、陈列展示具有重要意义，且征集价格基本合理，建议征集。总共4件，合计人民币390000元（详见清单）。

鉴定人员：
1．浙江省博物馆研究员：
2．国家文物进出境审核浙江管理处研究馆员：
3．国家文物进出境审核海南管理处副研究馆员：

日期：2019.5.8

图2-14　征集钱币鉴定意见

2019年9月至10月，我馆向河北廊坊市①藏家孙运胜征购到清代早期海南黄花梨匣子1个，向藏家伍焯棒征购到黄花梨藏品8件（套），包括民国海南黄花梨雕花扶手椅（1对）、海南黄花梨亭台楼阁纹插屏、清末海南黄花梨食盒、民国海南黄花梨书画箱、海南黄花梨窗棂、海南黄花梨龙纹花板、海南黄花梨抬头见喜纹花板、海南黄花梨荷花纹花板、海南黄花梨竹报平安纹花板，丰富了我馆二期专题展"木中皇后——海南黄花梨陈列"的展陈内容。

2020年5月，我馆藏品征集部工作人员赴四川成都进行征集调研工作，向四川晓瓷堂文化传播有限公司②征购到古代香具6件（套），包括明代龙泉窑暗刻花三足香炉、明代青瓷划花水波纹双耳三足炉、汉代青瓷镂空划花带盖香薰、

---

① 廊坊市，河北省地级市，位于河北省中部偏东，北临首都北京，东交天津，南接沧州，西连保定，地处京津冀城市群核心地带、环渤海腹地。廊坊市辖2个区、2个县级市及6个县，总面积6429平方千米，曾涌现出北宋名相吕端、元代名相史天泽、明代农民起义领袖刘六和刘七等人物。

② 四川晓瓷堂文化传播有限公司，于2018年4月11日成立，法定代表人赵瑞民。公司经营范围包括文化艺术交流活动的组织、策划、筹备、会议及展览展示服务，商务信息咨询服务，销售工艺美术品及收藏品等。

清同治"文昌帝君"青花龙纹筒式大香炉、清代德化"兰宝盛"款夔龙纹簋式炉、清代德化三足双辅首炉,丰富了我馆二期专题展"香中魁首——海南沉香陈列"的展陈内容。

图2-15 我馆向四川晓瓷堂文化传播有限公司征购香具

2020年9月,为进一步充实我馆"碧海丹心——解放海南岛文物史料展"及临高角海南解放公园①解放海南岛渡海战役纪念馆的展陈内容,我馆向藏家蔡于良、黄永忠、姜运南、高建忠、高维波、殷建十、孔劲松及北京燕东池南文化艺术中心征购到相关革命题材展品及藏品等98件(套),包括谭有能荣誉军人

---

① 临高角解放公园,位于临高县北部海岸,距离临高县城11千米,是解放军渡海登陆战主要登陆点。为纪念解放海南渡海登陆战,在登陆点建起了临高角解放公园,该公园已被确定为省级爱国主义教育基地。该公园具有深厚的历史文化底蕴和重大的革命历史纪念意义,是海南红色旅游的重要景点和对青少年进行爱国主义教育的重要基地。

证书、淮海战役胜利纪念章、解放海南岛纪念章、孙永德中国人民解放军军官兵役证、孙永德四野战军立功证书、孙永德奖章证书、西北军政委员会颁人民功臣奖章、乐会县苏维埃政府皮腰鼓（双面）、琼崖工农红军用过的上海光华桅灯厂的马灯、战士画报摄影小丛书之四《解放海南岛》、军事专刊《前进》、军用小台灯、英式钢盔、美式钢盔、日式钢盔、解放军公文包、苏制捷格加廖夫 DP27 式转盘轻机枪弹盘、日军子弹盒、子弹带、步枪子弹壳、驳壳枪皮套、美军用一九一七式刺刀、南部十四式手枪、中正式步枪、三八式步枪、日本大正十一年式轻机枪、捷克 ZB-26 式轻机枪、八二式迫击炮带、九〇式迫击炮带、九二式步兵炮、军用望远镜、抗日战争时期日军的手雷、拆配武器等革命文物及藏品。

图 2-16 我馆工作人员征购革命文物　　图 2-17 我馆邀请专家鉴定武器模型

2020 年 10 月，为进一步充实专题展"香中魁首——海南沉香陈列""木中皇后——海南黄花梨陈列"的展陈内容，我馆向藏家宁宏艳、海南香树沉香产业集团股份有限公司征购到沉香摆件及沉香标本 11 件（套），包括"云中佛塔"（沉香摆件）、"虬龙出海"（沉香摆件）、沉香摆件、海南倒架、海南吊口、海南鸡骨香、海南马蹄香、海南原斗签、海南虫漏、海南黄熟香（2 件）；10 月下旬，我馆征购到现代海南黄花梨带座圆角柜（1 对 4 件）及清代海南黄花梨圆包圆八仙桌 1 套。

图 2-18　邀请专家鉴定征购的沉香摆件

2020年11月，我馆藏品征集部工作人员赴陕西省进行征集调研工作，向陕西省文物总店①征购到沉香香具6件（套），包括唐代鸭形石熏、唐代豹斑玉香熏（圆孔）、唐代豹斑玉香熏（竖孔）、隋代白瓷熏炉、唐代青铜香宝子、西汉朱雀纹青铜熏，丰富了我馆专题陈列"香中魁首——海南沉香陈列"的展陈内容。

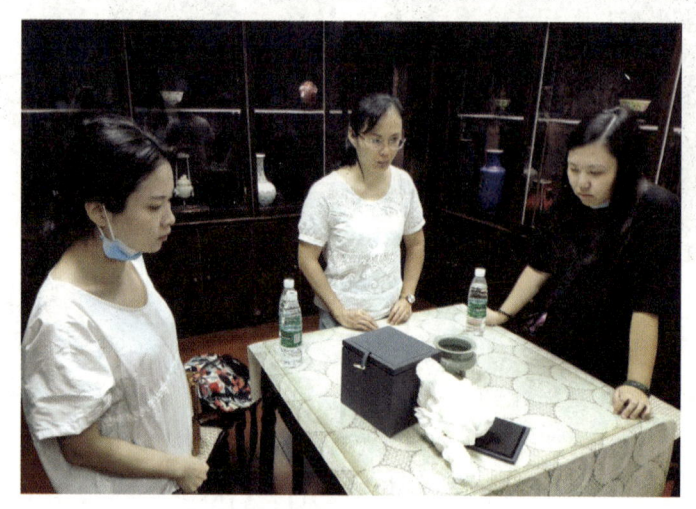

图 2-19　我馆工作人员征购沉香香具

① 陕西省文物总店，成立于1979年，隶属陕西旅游集团公司、陕西省文物局管理指导，历经20年的不断发展，已成为西北地区颇具实力的一家专营文物的国企单位。陕西省文物总店下设故宝斋、天泽堂、轶珍轩、古钱币公司、鸿禧堂等经营单位，主要从事民间文物的征集和营销。

第二节 文物及藏品的捐赠工作

接收捐赠是海南省博物馆充实藏品数量及保护文物的重要途径,在遵循国务院颁布的《博物馆条例》的前提下,我馆陆续接收社会各界、协会及藏家捐赠的文物及藏品3895件(套),这些捐赠的文物及藏品对丰富我馆馆藏,推动海南省文博事业发展起到了积极的作用。

2009年3月,我馆接收当代书画名家杨在葆[①]捐赠的《镜心》、胡德生[②]捐赠的《海梨阁镜心》、基春捐赠的《海南宝岛镜心》、乔德龙[③]捐赠的《长袖善舞图》等书法作品;6月,我馆接收到捐赠的北京奥运会及残奥会火炬手服装等物品12件(套);7月,我馆举办"乔德龙中国画暨捐赠作品展",展览结束后,国画家乔德龙先生捐赠8幅中国画作品给我馆收藏。

2009年11月,我馆接收琼海市公安局随案移交的宋代瓷器255件(套)。这批宋代瓷器完整器较少,基本为残件,瓷器种类以青白瓷、青瓷为主,包括碗、盏、碟、葵口盘、八棱盒、粉盒、执壶等类别。

2009年11月,海南籍新加坡华侨、学者韩山元捐赠华侨登记证、侨民登记证、预防接种证明书、《昭南日报》共4件(套)华侨文物给我馆收藏;11月下旬,藏家童时高、丁英俊捐赠春盛匾、春盛店匾共2件(套)文物给我馆收藏。

[①] 杨在葆,1935年6月25日出生,安徽宿县(今安徽省宿州市)人,著名表演艺术家、导演,中国影协第四、五届理事。1959年,杨在葆毕业于上海戏剧学院表演系,后任上海青年话剧团演员,1965年起任上海电影制片厂演员。

[②] 胡德生,男,汉族,1949年1月12日生于北京。1975年8月,胡德生毕业于北京大学历史系中国史专业,同年入故宫博物院从事古代家具的保管与研究。现为故宫博物院研究馆员,曾任国家文物鉴定委员会委员、中国文物学会专家委员、北京市文保文物鉴定中心专家等。

[③] 乔德龙,字得龙,祖籍四川万县(今重庆万州),1941年生于贵州。1984年,其3件作品同时入选第六届全国美术展览,次年加入中国美术家协会。历任贵州省美协理事、贵州省中国人物画艺术委员会理事、黔南州美协副主席。1988年初,乔德龙到海南求职,翌年3月正式调入海南文化部门工作。历任海南省博物馆馆长、海南省首届文联委员、海南省美协理事、海南省画院画师、海南省收藏家协会副会长、海南省玉蟾书画院院长。

2010年2月，书画家吴东明①先生捐赠《海南赋长卷》书法作品30幅给我馆收藏；4月，我馆接收海南籍新加坡华侨韩山元捐赠的华侨文物19件（套），包括救国公债、电影海报等文物。

2010年6月，我馆接收藏家何云强捐赠的民族文物6件（套），包括圣旨木匾、石雕人头像、黎族杞方言上衣、黎族哈方言筒裙等类型；6月13日，我馆接收姚嘉康捐赠的有关海南岛的连环画16件（套），包括《西沙儿女》《西沙之战》《南海战歌》《碧海丹心》《五指山传奇》等。

2010年9月，我馆接收中国博物馆协会②副理事长郭得河③捐赠的书法作品1幅；11月，我馆接收中国著名画家王昌楷④先生捐赠的书画作品《繁华依旧》1幅，接收中国书法艺术研究院理事长林中阳⑤先生捐赠的书法作品1幅。

2011年1月，我馆接收澳门多珍堂捐赠的历史文物56件（套），包括新石器时代红陶双耳罐、马家窑文化菱形双耳陶罐、商代灰陶鬲、东周蟠螭纹双耳陶罐、汉代彩绘乐伎俑、唐代白釉罐、唐代彩绘女俑、宋代青白釉魂瓶、明代三彩瓷枕等文物类别。

2011年3月1日，我馆接收中华艺术家联盟捐赠的当代美术作品《南国椰

---

① 吴东明，号苦寂人，1968年生于牡丹之乡菏泽，自幼跟随家兄吴东魁先生习画，深得其真传，1992年在北京攻读中国书画。其作品师法自然，追求变化，自成风格。他擅写花鸟、山水，尤擅画"葡萄"。

② 中国博物馆协会，简称中国博协，原名中国博物馆学会，是由开展博物馆有关业务的组织和个人自愿结成，并依法登记的行业性、全国性的非营利社会团体法人。

③ 郭得河，1951年生，河南南阳市卧龙区人。1968年入伍，中国人民革命军事博物馆原馆长，少将军衔。南京大学历史系近现代史研究生班毕业，国防大学军事学硕士研究生。现任中国博物馆协会副理事长、国际博物馆协会中国国家委员会副主席、中国国史学会常务理事、中国中共党史学会理事、中国书法家协会会员。

④ 王昌楷，中国著名油画家，1940年出生于河北正定县的诗画世家，自幼酷爱绘画。1957年，王昌楷考入北京艺术学院预科，1960年升入学院本科，受教于吴冠中先生，专习油画。王昌楷1963年毕业后从事美术教育工作长达15年；1978年，调入全国总工会文工团从事舞台美术工作。

⑤ 林中阳（原名周生香），1957年生于甘肃省武威市民勤县，中国书法家协会会员，是中国著名法家。现任中国书法艺术研究院理事长、中国人民对外友好协会理事、中国收藏家协会常务理事、解放军艺术学院客座教授、西北工业大学兼职教授。

风暖如春》;3月31日,我馆接收中国美术家协会理事王西京①捐赠的当代书法作品《观云听雨》。

2011年4月,我馆接收湖北中国画研究院院长孔奇②捐赠的当代国画作品《南山晚秋图》、联合国文化大使陈锦芳博士捐赠的当代美术作品《椰岛杨帆乐》、接收湖南耒阳农民邮寄捐赠的卫留成③书记亲笔书法作品1幅。

2011年3月,甘肃省博物馆④特聘研究员、香港梦斋主人严辉⑤先生在我馆举行"形秀色丽——香港梦斋、甘肃省博物馆、海南省博物馆珍藏古瓷联展"。5月展览结束,严辉先生特向我馆捐赠陶瓷藏品20件(套),包括青白瓷注壶连注碗、青花鸟纹蒜头口扁壶、五彩飞禽纹罐、豆青釉螭龙纹双耳尊、绿釉刻花皮囊壶、青釉贴彩鸡首壶、青花人物鱼藻纹六方盆、青白釉观音坐像、白釉象首龙柄执壶等珍贵藏品。

2011年6月,书画家万锐⑥女士在我馆举行个人油画作品展。在作品展开幕仪式上,万锐女士捐赠其油画作品《我们的地球》给我馆收藏。7月1日,时

---

① 王西京,1946年8月生于陕西西安,历任中国美术家协会理事、中国美术家协会中国画艺委会委员,中国画学会副会长,陕西省文联副主席,陕西省美术家协会名誉主席,西安建筑科技大学艺术学院名誉院长、教授,兼任中国艺术研究院教授,西北大学、云南大学、西安美术学院教授,是第十二届全国政协委员,第九届、第十届全国人大代表,一级美术师。

② 孔奇,1950年出生于湖北通山,祖籍山东曲阜。孔子第七十五代孙,画室名"载真堂"。先后毕业于武汉工业大学(现已并入武汉理工大学)艺术设计系、中央美术学院中国画系和首都师范大学美术学院,硕士研究生学历。现任湖北中国画研究院院长,国家一级美术师,中国美术家协会会员,华中师范大学美术学院、中南财经政法大学等多所大学特聘教授,中国工艺美术学会理事,书画专业委员会秘书长,北京首美画院副院长,湖北省人民政府文史馆馆员,享受国务院特殊津贴专家。

③ 卫留成,男,汉族,1946年8月生,河南泌阳人,大学学历,高级经济师。1970年7月参加工作,1973年12月加入中国共产党。曾任中共海南省委书记、第十二届全国人大环境与资源保护委员会副主任委员。

④ 甘肃省博物馆,位于甘肃省兰州市七里河区西津西路3号,是甘肃省规模较大的综合性博物馆。该馆建于1956年,建筑面积2.1万多平方米,展览面积1.3万多平方米,收藏有历史文物、近现代文物、民族文物和古生物化石及标本35万多件。2012年底,甘肃省博物馆荣升国家一级博物馆。

⑤ 严辉,香港实业家、文物收藏家,对古陶瓷研究有相当高的造诣,近年来先后向内地多家博物馆捐赠文物。

⑥ 万锐,艺术家、书画家。英伦双硕士研究生,毕业于伦敦艺术大学切尔西艺术与设计学院纯艺术系,海南东方之音国际文化艺术交流中心艺术总监兼董事长,伦敦当代艺术学院会员。

逢香港特别行政区回归14周年,我馆接收海南省省侨联常委钟保家①先生捐赠的《香港基本法》拓片1幅。

2011年7月,第十届全国人大常委会副委员长李铁映②、第十届全国人大常委会委员王学萍③、海南省工艺美术学会④在我馆举办的文化遗产活动中,捐赠李铁映同志的书信、李铁映同志的书法作品、草花梨木雕《龙的传人》、发绣作品《竹子》给我馆收藏。

2011年8月2日,日本灾区的百名儿童受邀前来我馆参观。在欢迎仪式上,百名儿童在欢迎帷幕上印上各自的小手印予以纪念。仪式结束后,相关部门将此帷幕捐赠给我馆收藏。

2011年10月21日,海南省军旅书画家协会副主席郭乃源⑤在我馆举行个人画展。在开幕仪式上,郭乃源先生向我馆捐赠书画作品《秋染的枫采》。10月26日,黑龙江省道家文化研究院院长张明川⑥在我馆举行个人画展。在开展仪式上,张明川先生向我馆捐赠书画作品《王维诗意图》。11月,我馆接收海南省诗书画家学会常务理事梁振文先生捐赠的书法作品1幅。

2011年11月中下旬,时逢海南省博物馆建馆三周年,我馆先后接收到吉林

---

① 钟保家(又名王强),华侨商人、企业集团总裁,出生于1957年6月13日,籍贯福建泉州,主要社会职务:商会会长、省政协委员、省侨联常委、政府顾问。

② 李铁映,男,汉族,1936年9月生,湖南长沙人,1955年4月加入中国共产党,1961年9月参加工作,捷克斯洛伐克卡理士大学物理系毕业,大学学历,高级工程师,曾任第十届全国人大常委会副委员长。

③ 王学萍,男,黎族,1938年4月生,海南琼中人,1953年9月参加工作,1956年9月加入中国共产党,暨南大学经济系政治经济学专业毕业,大学学历。曾任海南省人大常委会副主任、中共海南省委常委、海南省人民政府副省长。中共第十四、第十五届中央候补委员,中共十四届二中全会递补为中共中央委员,第九届、第十届全国人大常委会委员。

④ 海南省工艺美术学会,是由海南省工艺美术界一批专家、学者、大师及从业者、组织者和传统文化爱好者自愿发起成立的社团组织,接受业务主管单位海南省社会科学界联合会、登记机关海南省民间组织管理局的业务指导及监督管理。

⑤ 郭乃源,海南昌江县人,1969年参军,退伍后曾任原海南黎族苗族自治州委党校教员、《世界经济》杂志记者。现为海南省美术家协会会员、海南省军旅书画家协会副主席。

⑥ 张明川,道名张罗川,号玄悟子,室名铸古堂,丙戌年(2006)龙虎山嗣汉天师府传度弟子,度师中国道教协会副会长张金涛大师。现为中国书画艺术促进会理事、东北道教杂志副主编、黑龙江省书法家协会篆刻研究理事、黑龙江省道家文化研究院院长。

省长春伪满皇宫博物院①捐赠给我馆的"贺海南省博物馆建馆三周年"的美术作品《画龙点睛图》1幅及陕西历史博物馆②首席画家袁方捐赠给我馆的"贺海南省博物馆建馆三周年"书法作品《天之涯闪烁东坡兴学思想,海之南洋溢琼岛椰风海韵》1幅。

2011年12月2日,我馆接收民革中央画院理事、江苏省国画院特聘画家、书法家何牛③捐赠的书画作品《江山久久》1幅;12月19日,我馆接收著名国画花鸟画家、四川绵阳师范学院美术系客座教授董海清④捐赠的花鸟画作品《盛世祥和满园春》1幅。

2012年2月,中国旅美画家李自健⑤捐赠油画作品《海韵》1幅给我馆收藏;3月,我馆接收江苏书画院集体创作的书画作品及江苏省书法院副院长白鹤⑥捐赠的书法作品各1幅;4月,中央国家机关书法家协会理事张惠臣⑦及海

---

① 伪满皇宫博物院,国家AAAAA级旅游景区,位于吉林省长春市宽城区光复北路5号,前身是民国时期管理吉林、黑龙江两省盐务的吉黑榷运局官署,总占地面积25.05万平方米,建筑面积13.7万平方米。伪满皇宫博物院现有缉熙楼、勤民楼、同德殿等伪满宫廷原状陈列50个,大型基本陈列2个,专题展览3个,举办临时展览33个,中国国内巡展17个,出国展览11个;收藏了大批伪满宫廷文物,日本近现代文物,东北近现代文物,民俗文物,近现代有代表性的书画、雕刻、非遗传承人作品等艺术精品。
② 陕西历史博物馆,中国第一座大型现代化国家级博物馆,首批AAAA级旅游景点,被誉为"古都明珠,华夏宝库"。位于陕西省西安市雁塔区小寨东路91号,大雁塔西北侧。馆藏文物171.795万件(组),其中,一级文物762件(组),国宝级文物18件(组),其中2件为首批禁止出国(境)展览文物。
③ 何牛,本名周志明,1978年受业于鲁迅美术学院绘画系,现为中国美术家协会江苏分会会员,民革中央画院理事,江苏省国画院特聘画家、书法家。曾在南京艺术学院任教,现在南京应天学院教授国画山水。
④ 董海清,1949年出生于四川射洪县,中国电子科技集团公司第九研究所专职美术干部,著名国画花鸟画家,四川绵阳师范学院美术系客座教授。从事中国画艺术近40年。他对中国画花鸟、山水、人物进行了全面的研习,尤擅花鸟画。
⑤ 李自健,中国旅美著名油画家,1954年生于湖南邵阳,1982年毕业于广州美术学院油画系,1988年移居美国洛杉矶。现为中国艺术研究院中国油画院海外特聘画家、中国美术家协会会员、美国油画家协会会员。
⑥ 白鹤,1970年生,安徽省太和县人,中国书法家协会会员,江苏省书法院展览部主任,慕鸿书社社员,南京艺术学院艺术硕士,国家二级美术师。
⑦ 张惠臣,1956年生,中央国家机关书法家协会理事,中国书法家协会会员。现任刘炳森书画艺术研究学会主席、清华大学马克思主义学院文化艺术顾问、中国人民大学培训学院隶书班导师等职。

南省书协副主席林尤葵①捐赠其2幅书法作品给我馆收藏。

2012年6月,海南大学教授陈桂香②在我馆举办"传承·发展——陈桂香教授工作室学术邀请展",在开幕仪式上,陈桂香女士捐赠其油画作品《五指山小妹》给我馆收藏;7月,中国旅美画家华之宁在我馆举办现代水墨国画展"礼物",在开幕仪式上,华之宁女士捐赠其国画作品《亚热带》给我馆收藏。

2012年9月,海南艺术家促进会主席符国平③在我馆举办"乡野风韵——符国平个人油画展"。在开幕仪式上,符国平先生捐赠其油画作品《田园风光》给我馆收藏。10月,我馆举办"丹青赋——周盛荣、伍载阳国画艺术展"。在开幕仪式上,中国水墨画家周盛荣④捐赠其国画作品《清风图》给我馆收藏。

2013年1月26日,海口画院副院长黄文琦⑤先生在我馆举行"黄文琦中国画作品展"。在开幕仪式上,黄文琦先生将其国画作品《黄道婆黎山悟织图》捐赠给我馆收藏。

2013年4月3日,辽宁省美术家协会理事左进伟⑥先生在我馆举办"与狼共舞——左进伟中国画作品展"。在开幕仪式上,左进伟先生将其国画作品《雪域狼踪》捐赠给我馆收藏。4月20日,中国书法家协会理事张六弢⑦先生在我

---

① 林尤葵,男,1965年生于海南省澄迈县,1989年毕业于华南理工大学,工学学士。海南省政协委员,民进海南省委委员,海南省水利建设质量监督定额站副站长、高级工程师,国家一级美术师,中国书法家协会会员,中国水利书法家协会副主席,海南省书法家协会副主席。

② 陈桂香,教授,研究生导师,中国美术家协会会员,中国油画学会会员,中国女画家协会会员,海南省女画家协会终身名誉主席,泰国中国画院副院长。

③ 符国平(1944—),男,画师,海南省文昌人,于中央美院油画班进修,曾任海尚诗社副社长,《海南艺术家报》主编、海南省艺术家促进会主席。

④ 周盛荣,著名水墨画家,山东青岛人。中央美院中国画学院(原中国画系)攻读研究生。他不用白颜色和矾水,仅用水墨便能绘画出飞雪冰竹,声名早已远播南粤。

⑤ 黄文琦,男,1956年生,广东揭西人,海口画院副院长,1997年底转业,任海口画院副院长,兼任海南省美术家协会国画艺委会副主任、秘书长,海南省书画院画师等职。

⑥ 左进伟,中国美术家协会会员,辽宁省美术家协会理事,辽宁省回族书画协会副主席,辽河画院专职画家,国家一级美术师。对工笔狼、老虎、豹、藏獒等动物尤为擅长。

⑦ 张六弢,男,1966年1月生于江苏宜兴。现就职于江苏省书法院。他自幼酷爱书画,曾遍习历代名碑名帖,主要取法汉魏碑书及明清浪漫主义书风。现为中国书法家协会理事、江苏省书法院创作部主任、江苏省书法家协会常务理事、无锡市书法家协会艺术顾问、宜兴市书法家协会名誉主席、无锡市政协委员。

馆举行"江左风韵——2013 江苏省国画院、江苏省书法院名家交流展"。在开幕式上，张六弢先生将其书法作品《王维诗〈终南山〉》捐赠给我馆收藏。

2013 年 5 月 2 日，新加坡华人韩山元先生回乡省亲时，将画报《支那先遣队》和《新加坡琼侨同乡会章程》捐赠给我馆收藏。

2013 年 7 月 18 日，世界杰出华人艺术家祁峰①先生在我馆举行"祁峰中国画作品展"。在开幕式上，祁峰先生将其国画作品《三驼图》捐赠给我馆收藏。

2013 年 9 月 14 日，海南省当代书法家黄强②在我馆举行"椰韵书魂——黄强书法篆刻作品展"。在开幕式上，黄强先生将其书法篆刻作品《篆书丘濬诗〈琼台春晓〉》捐赠给我馆收藏。

2014 年 1 月 1 日，中国古代书画鉴定家张继刚③先生在我馆举行"文心诗境——张继刚诗书画展"。在开幕仪式上，张继刚先生将其书画作品《四君子图》捐赠给我馆收藏。1 月 10 日，国画艺术家陈士富④先生将其国画作品《山高水长》、中国人民革命军事博物馆书画院副院长李洪梅将其书法作品《厚德载物、雅量宏通》及《春安夏泰、秋吉冬祥》、中国书法家协会理事卢中南⑤先生将其书法作品《李白〈王右军〉诗》捐赠给我馆收藏。

---

① 祁峰，1949 年出生于甘肃酒泉，现居北京。自学成才，有"天下第一驼"和"第二个黄胄"之誉。国家一级美术师，集诗、书、画、印"四绝"于一身的画家。他先后在国内外 22 个城市举办了个人书画展。

② 黄强(1942—1993)，当代书法家，字习之，号南天一卒。1964 年参加工作，曾在海南话剧团做演员，在海南行政区文化局任干事、副科长、副处长等职。系海南省第一届政协委员、中国书法家协会会员、中国书法家协会海南分会筹备组副组长、海南省诗书画家联谊会常务理事等。

③ 张继刚，1966 年生，字慎之，号知行，辽宁师范大学毕业，师从杨仁恺先生 30 年。结合目鉴、比较、分析、考订、心性学等综合学科理论，建立"书画鉴定与心性学"学理。古书画鉴定家、书画家、学者，当代文人画家之代表，倡导"文人画之士人精神"。

④ 陈士富，字仁和，1955 年 1 月生于贵州安顺，现任中国人民革命军事博物馆馆长、中国博物馆协会名誉理事长、中国美术家协会会员、中国作家协会会员、中国诗书画研究院院长、中国东方白马书画院名誉院长。

⑤ 卢中南，男，1950 年 12 月生于武汉，祖籍河南济源。中国著名书法家，享受国务院政府特殊津贴。第七届中国书法家协会理事，中国书法家协会硬笔书法委员会副主任、楷书委员会委员，第十届、十一届全国政协委员，中国人民革命军事博物馆设计处处长、研究馆员，中国博物馆学会会员，中华书画名家研究院顾问。

2014年3月22日,中国硬笔书法协会副秘书长周鉴明①先生在我馆举行"中国梦——周鉴明书法作品展"。在开幕仪式上,周鉴明先生将其书法作品《海南赋》捐赠给我馆收藏。3月28日,深圳大学艺术学院教授关玉良②先生捐赠其国画作品《中国牛》给我馆收藏。

2014年4月16日,藏家李庆华先生捐赠一批南非蝶螺、法螺、虎斑贝、夜光蝶螺、小砗磲、五彩大砗磲给我馆收藏,该批海螺可拼成"海口"字样;5月15日,李元茂③先生家属捐赠李元茂书法作品30幅给我馆收藏。

2014年5月16日,李万一先生捐赠其书法作品《李万一书"贺李元茂作品回顾展"》给我馆收藏;5月21日,海南大学艺术学院教授易至群④先生捐赠其美术作品《忠介公海瑞像》给我馆收藏;6月6日,藏家丁英俊先生捐赠文物"春盛"招牌及"春盛店"招牌给我馆收藏;6月25日,中国八一将星书画院捐赠行书作品《海南明天更美好》给我馆收藏;8月16日,广东省美术家协会理事邓子敬⑤先生捐赠其国画作品《曙光在前》及《泉出深谷伴涛声》给我馆收藏。

2014年9月12日,我馆接收王经开先生捐赠的华侨文物28件(套),主要包括民国侨民登记证、海南侨批、民国琼州会馆收据、民国石琼万利号咖啡店声明、公轿印、民国琼州会馆通告、民国琼州会馆通知单等文物。

2014年12月,我馆接收金石学研究学者黎旭⑥先生捐赠的中国古代文字

---

① 周鉴明,当代著名书法家,中国硬笔书法协会副秘书长,安徽省硬笔书法家协会永久名誉主席,海南省书法家协会副主席,世界华人书法家协会副主席,徽韵书画院院长。

② 关玉良,出生于1957年11月28日,深圳大学艺术学院教授,国家一级美术师,多年来一直沉潜于艺术创作与思索,是一位有着综合学养的艺术家。他在雕塑、重彩、水墨、油画、书法等各个方面都有着独特的才情,并取得了较高的艺术成就。

③ 李元茂(1944—2012),字文厚,号奎霖,山西太原人。曾任海南省博物馆名誉馆长,系国家一级美术师、享受国务院特殊津贴专家、央视电视台《鉴宝》栏目专家、文化部文化市场发展中心艺术品评估委员会专家委员等。

④ 易至群(1938—),别名易子,湖南邵阳人,擅长中国画,是海南大学艺术学院教授、海南大学亚太美术创作中心主任、国家一级美术师、中国美术家协会会员、终身享受国务院特殊津贴专家、美国华人美术家协会名誉主席、海南省中国画学会学术顾问等。

⑤ 邓子敬,男,1943年12月生,海南琼山人,擅长中国画、版画。1981年毕业于广州美术学院版画系硕士研究生班。现为广东画院画家、一级美术师、中国美术家协会会员、中国出版协会会员、广东省美术家协会理事。

⑥ 黎旭,1967年生于广东电白,毕业于暨南大学,古砖金石文化学者,湖北省博物馆特约研究员,广东省工艺美术研究所研究员,《中国砖铭全集》主编。

砖、画像砖共计300件,这批文字砖及画像砖所属年代以汉代为主,还有部分文字砖及画像砖所属年代为三国、两晋、南北朝、唐宋及清末,主要出土地点分布在今山西、河南、湖北、浙江、江西、湖南、四川等地。这批文字砖及画像砖不仅丰富了我馆的馆藏,更为我们研究中国古代金石文化提供了丰富的实物资料。12月10日,国画家刘培军①先生捐赠其国画作品《冬日阳光》给我馆收藏。

2015年1月6日,海南省老龄工作委员会办公室移交"世界长寿岛"相关资料给我馆收藏;1月16日,我馆接收省委宣传部、《海南日报》《南国都市报》移交的"感动海南"水晶奖杯;1月23日,我馆接收魏月蘅女士捐赠的哈萨克族恰祥和帽子3件(套),这些服饰均为哈萨克族老人的装束,是哈萨克族享受最高礼遇的人的装束。

2015年3月2日,鸿昌书画院副院长刘延龙②先生捐赠其书法作品《行书张九龄诗》《行书马中锡诗》给我馆收藏;3月5日,高级工艺美术师郑剑锋捐赠其紫砂工艺品《好运连连紫砂壶》给我馆收藏。

2015年3月12日,"圆明重光——圆明园文化展"在我馆开展。在开幕仪式上,展览方捐赠《圆明园盛时鸟瞰复原图》1幅给我馆收藏;4月至12月,中国紫砂文化研究会捐赠170件当代紫砂工艺品给我馆收藏;5月,海南省油画学会主席黄信驹③捐赠其油画作品《解放海南岛》给我馆收藏。

2015年6月,中国当代美术大师孙国森④先生捐赠其油画作品《槟榔树》《早晨的田园风光》《河边的姑娘》给我馆收藏;8月,中国天中山书画院常务副

---

① 刘培军,字壮墨,原籍山东,1982年7月考入并就读于西安美术学院国画系,师从刘文西教授。1986年本科毕业,获艺术学士学位。现为清华大学美术学院高研班助理导师,海峡两岸关系协会书画交流分会理事,中国国家画院师生联谊会副秘书长,中国国家画院刘大为工作室专业画家,海南省琼台画院院长。

② 刘延龙,复姓轩辕,名敏中,字文博,号冰墨庐主人、步潜堂主、一粟、微尘等。1971年生于河南太康,中国书法家协会会员,鸿昌书画院副院长兼秘书长。

③ 黄信驹,1959年10月生于海南省定安县,被文化部评为"影响中国50位油画大家"之一,海南省油画学会主席,海南省油画院院长,中国民族国粹20名顶级艺术大师之一,中国美术家协会会员,国家一级美术师,中国艺术研究院高级访问学者,东方文化艺术院研究员,国韵文华书画院特聘画家,中国画家协会副主席兼油画艺术委员会主任,中国书画家学会副主席,海南省美术家协会副主席,海南大学客座教授。

④ 孙国森(1939—),海南人,擅长水粉画。海南文昌师专毕业后在南坤中学教美术课,1982年后创办美术学校,现为海口琼美学校校长。现任中国美术家协会会员,中国当代美术大师,中国教育家,中南海特聘艺术家,中国收藏学会副会长。

院长韩云①捐赠其书画作品《HANYUN120311》《HANYUN110507》给我馆收藏。

2015年10月，中国著名油画家徐麟捐赠其油画作品《红树林之三》给我馆收藏，海南省琼台画院副院长胡天波②捐赠其书法作品《毛泽东〈卜算子·咏梅〉词一首》给我馆收藏，重庆书画家协会会长郭显中③捐赠其国画作品《海风吹》给我馆收藏；11月，海南大学教授董旭④捐赠其版画作品《黄天厚土》给我馆收藏。

2015年12月9日，海南省美术家协会在我馆举办"艺海六十年——林明琛油画展"。在开幕仪式上，广东美术家协会油画会副秘书长林明琛⑤先生向我馆捐赠其油画作品《北方农舍》《黄崖关口》。12月18日，江西省陶瓷书画艺术大师徐敏⑥向我馆捐赠其瓷器工艺品《窑变瑞兽嬉水》。

2016年1月，研究员级高级工艺美术师谈跃伟⑦捐赠其紫砂工艺品《三足纹顶壶》给我馆收藏。1月下旬，黑龙江省美术家协会第五届主席团副主席

---

① 韩云，1958年生于河南省汝南县，国家一级美术师，中国工艺美术家协会理事，中国书法家协会会员，中国当代百名画圣书圣艺术家之一，高级书画师，河南省书法家协会会员，天中山书画院常务副院长，南海禅寺书画研究院秘书长，陕西文昌书画社荣誉社长。

② 胡天波，湖南著名书法家，中国书画家协会会员，湖南省直书画家协会理事，湖南省直女书艺术研究会常务副会长兼秘书长。

③ 郭显中，1941年生于四川华阳，重庆书画家协会会长，四川美术学院国画系客座教授，重庆国画院副秘书长，中国美术家协会会员，重庆市美术家协会理事。其专攻山水画，也画花鸟和人物，早期画内陆山水，重点在于笔墨技法的运用。

④ 董旭（1941—），别名董叙，河北磁县人。他擅长版画，毕业于中央美术学院版画系。现任中国版画协会理事、中国美术家协会会员、中国出版工作者协会藏书票艺术委员会委员、海南省美术家协会理事。1979年调入河南大学任教，1988年调入海南大学艺术学院任教。

⑤ 林明琛，又称林明深，原名林明德，海南岛文昌县人，1961年考入广州美术学院油画系，毕业后曾任美术员、美术干事、教师、记者、编辑和美术刊物编辑部主任、副主编。曾是广州美术学院副研究员、副教授、成教部客座教授，广州职工大学客座教授等。

⑥ 徐敏，男，生于江西景德镇，大专学历，江西省陶瓷书画艺术大师，国家一级技师，江西省高级技师，陶艺家，景德镇美煌陶瓷厂艺术总监，景德镇美煌陶瓷艺术工作室主任，中国书画艺术交流协会江西分会理事，江西省高技能陶瓷艺术家协会常务理事，江西省教育学会陶瓷艺术教育专业委员会理事，四川省乐山师范学院客座教授等。

⑦ 谈跃伟，1959年生于江苏宜兴，研究员级高级工艺美术师，江苏省工艺美术大师，江苏省工艺美术名人，江苏省陶瓷协会会员，中国工艺美术学会会员。

王隽珠①先生在我馆举办"跨越四十年——王隽珠艺术馆藏品展"。在开幕仪式上,王隽珠先生捐赠其国画作品《七九河开 八九雁来》给我馆收藏。

2016年2月,海南省油画学会名誉主席谢耀庭②先生在我馆举办"中国梦·山海情——谢耀庭国画、油画作品展"。在开幕仪式上,谢耀庭先生捐赠其油画作品《霞光》给我馆收藏;3月,中国书法家协会第六届理事会理事王应际捐赠其书法作品《惠风和畅》给我馆收藏。

2016年3月,为充实我馆二期基本陈列"南溟泛舸——南海海洋文明陈列"的展陈内容,我馆工作人员赴海南省临高县进行征集调研工作。在临高县观看哩哩美表演的过程中,工作人员被表演队具有特色的渔家服饰吸引。表演结束后,当地热情的渔民将渔家服饰和捕鱼工具共计5件(套)赠送(捐赠)给我馆,用于展陈。

2016年4月,为丰富我馆二期基本陈列"木中皇后——海南黄花梨陈列"的展陈内容,我馆工作人员征购到黄花梨木雕像4件(套)。工作人员在博鳌镇、潭门镇上教村走访调查时,当地村民捐赠渔叉、砍刀、潜水镜、木耙4件捕鱼工具给我馆收藏。

2016年4月,为丰富我馆二期"南溟泛舸——南海海洋文明陈列"的展陈内容,我馆工作人员赴三亚市进行征集调研工作。我馆工作人员途经三亚市凤凰镇回新村③时,当地回民刘小英捐赠回民教典课本及回民男子背心给我馆,用以展陈。其中的回民教典课本是20世纪70年代后期回民学习文化知识的手抄课本,其封面写有"一九七九年己未年斋月"字样。回民男子背心为物主刘小英年轻时打篮球等运动所穿戴,距今已有约50年的时间。背心正面左上角印有阿拉伯文"真主至大"字样以及数字"9",背面也印有数字"9",在当地回民中

---

① 王隽珠,1950年生于黑龙江,黑龙江省画院专业画家,国家一级美术师,中国美术家协会会员,黑龙江省美术家协会副主席,解放军艺术学院美术系特聘教授,中国美术家协会培训中心高研班导师,全国政协书画室特聘画家,黑龙江省当代艺术研究院国画院院长。

② 谢耀庭,1931年生,现为中国美术家协会会员、海南省文联委员、海南省书画院顾问、海南省油画学会名誉主席、海南省专家学者俱乐部理事等。其作品多次参加全国美展,被选送日本、新加坡等地展出及东欧五国使馆陈列。其大量作品在《人民日报》等省级以上刊物发表。出版画册《谢耀庭油画选集》《海南画家系列·谢耀庭》、连环画《以蛇代蟮》等。

③ 回新村,位于海南省三亚市凤凰镇,是海南省的回族聚居地。三亚的回族主要集中在回新和回辉两村,共有8000余户,有南开清真寺和清真南寺两座清真寺。

有特殊的含义。

  2016年5月,"景德镇陶瓷名师名家作品展"在我馆举办。在开幕仪式上,景德镇宋元青白瓷研究所所长王尚宾①先生捐赠其陶瓷工艺品青白瓷半刀泥唇口梅瓶给我馆收藏;6月,江苏省甲骨文学会副会长侯勇②、江苏省甲骨文学会常务副会长兼秘书长王道云③、江苏省社会科学院经济研究所原所长虞友谦④、中国书法家协会篆刻委员会委员苏金海⑤、江苏省甲骨文学会理事祝竹⑥共捐赠7幅甲骨文书法作品及篆刻印屏给我馆收藏。

图2-20 王尚宾先生捐赠其陶瓷工艺品给我馆收藏

---

  ① 王尚宾,本名王双彬,江西景德镇浮梁人,1962年出生,景德镇宋元青白瓷研究所所长,宋元青白瓷资深收藏鉴赏家,尚玩居主人。

  ② 侯勇,字永君,生于皖北利辛,长于江苏南京。幼习丹青,后攻金石。常以画理入印,印求书意。作品、论文、简介刊发于各专业报刊,出版有《中国篆刻百家——侯勇卷》等。现为江苏省甲骨文学会理事兼办公室副主任、中国国画家协会理事、中国国际文艺家协会理事、中国肖像印研究会理事、南京印社社员等。

  ③ 王道云,字化之,斋名"物外庐",1948年出生于苏北古城泗水。现为江苏省国画院专业书法家、国家一级美术师、江苏甲骨文学会副会长。

  ④ 虞友谦,1944年1月出生,1968年毕业于南京大学历史系,邓研中心原副主任、研究员,江苏省哲学史与科学史研究会理事长,江苏省瞿秋白研究会理事。

  ⑤ 苏金海,字博生,号河西外史,1952年生,江苏南京人。先后师从徐畅、秦士蔚先生,擅长篆书及甲骨文、金文治印。现为中国书法家协会篆刻委员会委员、西泠印社社员、南京印社副社长、江苏省甲骨文学会副会长、南京市书法家协会顾问。

  ⑥ 祝竹,原名廷顺,字竹斋,1942年生,1964年回扬州从事新闻工作,为扬州名记者。同时潜心篆刻,师从扬州印坛名宿蔡巨川、孙龙父等先生。长期任邗江县(今邗江区)政协文史资料研究委员会主任,兼学印史、印论及金石碑版之学。现为中国书法家协会会员、南京印社理事、江苏省甲骨文学会理事、画家。

2016年9月，海南省政协书画艺术研究院理事陈银平①先生捐赠其国画作品《王维诗意图》给我馆收藏；11月20日，中央美术学院教授苏百钧②先生在我馆举行"闳约逸致——苏百钧工笔画展"。在开幕式上，苏百钧先生将工笔画作品《仰天莲》捐赠给我馆收藏。12月，我馆接收三亚市回新村村民哈少林捐赠的回族服饰7件(套)，主要包括礼拜帽、新娘服装、男子礼拜服等类别。

2016年12月，我馆接收藏家冯所学捐赠的老式电影放映机2套(17件)，该款老式放映机由20世纪70年代上海电影机械厂制造，机型为104型。

图2-21　收藏家冯所学捐赠的老式电影放映机2套

2017年1月5日，中国国际书画院理事李家尧③在我馆举办"心画如禅——李家尧书画作品展"。在开幕仪式上，李家尧先生捐赠其书法作品《隶书心经》《小楷海赋》给我馆收藏。

2017年4月18日，"质朴与温度——林毓豪回顾展"在我馆举办。在开幕

---

① 陈银平，字石杨，号广平居士，广平斋主，1979年10月生于甘肃通渭。自幼嗜好书画、篆刻。汉语言文学专业毕业，书学章草，山水学明清诸家。2009年居广东后迁至海南，曾任海南恩祥艺术馆副馆长，现在是自由书画人。

② 苏百钧，1951年8月生于广东广州。中国美术家协会会员，中央美术学院教授，兼任中国美协中国重彩画研究会副会长、中国文化部现代工笔画院副院长、全国美展评审委员。

③ 李家尧，出生于1947年，现为中国国际书画院理事，2006年获"天津市职工艺术家"称号。专业从事书画篆刻艺术20余年。

仪式上,林毓豪①先生家属向我馆捐赠林毓豪雕塑艺术品18件(套),包括《广东电视台女主播》《秋妹》《纡纡》《瑶族姑娘》《少妇》《女校长》《大摩生》《鹿回头少女像》《马白山将军》《屈原魂》等雕塑艺术品。

2017年8月,江苏省国画院副院长崔见②在我馆举办"江南风——崔见画展"。在开幕式上,崔见先生捐赠其国画作品《华山之巅》给我馆收藏。9月,中国热带农业科学院研究员戴好富③捐赠整树结香标本给我馆收藏。9月中旬,我馆接收藏家王建中、姜雷先生捐赠的汉代漆器文物5件(套),分别为汉黑漆云朵纹圆形残件、汉褐漆耳杯、汉黑红漆四足小长方几、汉漆鞘铁文具刀、汉黑漆描红耳杯。

2017年9月,海南炭画民间艺术非遗传承人韩翠琼女士捐赠炭画作品及炭画工具25件(套)给我馆收藏,包括炭画作品《骑楼老街》《黎族文身》《周恩来画像》《渡琼始祖韩显卿公像》《电影明星王心刚画像》以及画纸标本、炭笔、刷子、画架、旧盒子、笔筒、砂纸等类别。12月,藏家丁英俊向我馆捐赠民俗文物独木瓢1件。以上捐赠的藏品丰富了我馆二期"琼工坊——海南传统手工技艺陈列"及"琼崖村——海南少数民族非遗陈列"的展陈内容。

2017年10月,海南省政协书画院捐赠王应际④书法作品、冯伟⑤书法作品、

---

① 林毓豪(1940—1997),海南崖县(今海南省三亚市)人,著名雕塑家,1940年9月5日出生。1964年从广州美术学院毕业,同年被分配到广东省工艺美术研究所工作。1970年调往广州雕塑院从事专业创作,为国家高级美术师。曾是广东省六届人大代表,并当选为主席团成员。他还是中国美术家协会会员、中国雕塑学会会员、广东省美术家协会理事、广州海日书画研究会顾问、广州市文联委员、海南大学客座教授。

② 崔健(笔名崔见),1963年生,江苏东台人。先后毕业于南京师范大学、南京艺术学院,艺术硕士。现为江苏省国画院副院长、院艺术委员会委员,国家一级美术师,中国美术家协会会员,江苏省美术家协会理事、江苏省美术家协会山水画艺委会副主任兼秘书长。

③ 戴好富,男,1974年10月27日生,博士学历,研究员,博士生导师。现任中国植物学会药用植物及植物药专业委员会委员、中国药学会高级会员、海南省药学会常务理事。

④ 王应际,男,1955年4月生,汉族,海南临高人,中央党校研究生学历,二级美术师(书法)。1973年7月参加工作,1975年9月加入中国共产党,曾任海南省政协副主席、党组副书记。

⑤ 冯伟,男,汉族,1972年生,湖北麻城人,1994年7月参加工作,1996年6月加入中国共产党,在职硕士研究生学历,法律硕士,现任湖北省神农架林区党委书记。

蔡扬翼①书法作品、许诺书法作品、王建华国画作品共计6幅给我馆收藏。

2018年1月,唐卡国家级非物质文化遗产传承人果洛·希热布②大师捐赠其唐卡作品《黄财神》给我馆收藏;1月中旬,我馆接收藏家吴梓铭捐赠的新石器时代小石斧1件,该石斧是吴梓铭先生于2017年12月在昌江黎族自治县石碌镇海南矿业股份有限公司动力厂制氧车间内采集而来的。

2018年1月23日,道教著名书法家杨华③道长捐赠其小楷作品《道德经》《白玉蟾道法九要》给我馆收藏;1月25日,中国工艺美术大师麻双鸣④、海南省工艺美术大师周凤炎分别捐赠其雕刻工艺品《丝绸之路》《倒把西施壶》给我馆收藏;1月下旬,三亚市市民李少华先生捐赠回族传统妇女服装给我馆收藏。

2018年7月,广东省书画研究会副秘书长陈知君⑤捐赠其国画作品《云峰净无尘》给我馆收藏;7月中旬,江西省高级工艺美术师熊智华⑥捐赠其陶瓷工艺品《梦之境》给我馆收藏;7月下旬,国家级高级工艺美术师吴开浒捐赠其紫砂工艺品《棱泉壶》给我馆收藏。

---

① 蔡扬翼,男,生于海南省万宁市长丰镇,现任海南师范大学教育科学学院党总支副书记。系海南省高校思想政治教育研究会理事、中国硬笔书法家协会会员、海南省硬笔书法家协会副主席、海南省诗书画家学会副秘书长、海南省书法家协会会员、海口市书法家协会理事、海南省音乐家协会会员、海南诗社会员。

② 果洛·希热布,1961年出生在青海省果洛藏族自治州久治县。其画作有着广博的藏文化底蕴,尽得唐卡艺术的真传。许多藏传佛教的著名寺院都留有他的手迹。六世贡唐仓大师、六世嘉木样活佛、中国佛教协会副会长茗山长老等都为希热布画师题词。其多幅作品曾在中国革命历史博物馆展览。

③ 杨华,1962年5月生于安徽涡阳,1996年出家入道,2011年入住北京市桃源观至今,拜中国道教协会副会长黄信阳为师,道号为杨崇华。中国道教著名书法家,中国道协道家书画院院务部抄经道长,北京市道教协会道家书画艺术委员会委员,中国传媒大学书法博士研究生,安徽阜阳市道教协会副会长,合肥市庐阳区道教协会副会长。

④ 麻双鸣,男,1977年生,浙江丽水市青田县麻宅村人,浙江省工艺美术家协会会员,香港石雕明星。

⑤ 陈知君,曾用笔名陈博浚,湖北省阳新县人,早年学习于中央美术学院,现为清华大学美术学院特邀教授。曾任中国文联书画艺术交流中心副主任、中国书画家协会中国油画艺术委员会主席、广东省粤海书画院副院长,现任澳门美术家协会副主席。

⑥ 熊智华,1986年生于江西余干,毕业于景德镇陶瓷大学,江西省高级工艺美术师、景德镇高级陶瓷美术师,景德镇百千万人才工程人选,中国工艺美术学会会员,江西省工艺美术学会会员,景德镇美术家协会会员。2020年,其作品《梦之境》在"印记赣鄱——江西版画研究展"上展出。

2018年8月,邓小平故里管理局、邓小平故居陈列馆①捐赠工艺品"福"字蜀绣②给我馆收藏;8月15日,藏家蔡于良捐赠当代版画及剪纸画作品46幅给我馆收藏。

　　2018年11月,民盟天津画院理事王大奇、京津书画院常务理事武颖萍捐赠国画作品《三人行必有吾师》给我馆收藏;12月,海南省机构编制管理研究会③捐赠砗磲雕件12件(套)给我馆收藏。

　　2019年2月,国家级高级工艺美术师陈岩捐赠其紫砂工艺品《天地经纬壶》《醉翁壶》给我馆收藏;2月下旬,我馆接收中国书法家协会理事苗培红④捐赠的书法作品《辛弃疾〈青玉案·元夕〉》、中国美术家协会副主席李翔⑤捐赠的书法作品《纪念改革开放40周年》、中国书法家协会理事颜振卿⑥捐赠的书法作品《李白〈送友人〉》、中国书法家协会理事王学岭⑦捐赠的书法作品《游艺海

---

　　① 邓小平故居陈列馆,坐落在四川省广安市广安区协兴镇牌坊村邓小平故居旁,是目前国内唯一的一家以纪念邓小平同志光辉一生为专题的陈列馆。"我是中国人民的儿子"为该馆的主题。

　　② 蜀绣,又名"川绣",四川省成都市特产,与苏绣、湘绣、粤绣齐名,为中国四大名绣之一,是在丝绸或其他织物上采用蚕丝线绣出花纹图案的中国传统工艺。作为中国刺绣传承时间最长的绣种之一,蜀绣以其明丽清秀的色彩和精湛细腻的针法形成了自身的独特韵味,丰富程度居四大名绣之首。

　　③ 海南省机构编制管理研究会,主要由来自机构编制、组织人事和行政管理研究等领域的机关企事业单位和个人组成。这是我省首家以行政管理体制改革和机构编制管理为主要研究方向的研究团体。

　　④ 苗培红,又名培轩,号子牛,1949年生,山东邹平县人,毕业于首都师范大学书法硕士生课程班。现为中国书法家协会理事、中国书法家协会教育委员会副主任、中国书法家协会培训中心教授、中国大众文学学会理事、首都师范大学客座教授、北京卫戍区师职干部、北京市教育考试指导中心客座教授、大校军衔。

　　⑤ 李翔,1962年10月出生于山东临沂,现任中国美术家协会副主席、解放军艺术学院美术系主任、解放军美术创作院常务副院长、中国美术家协会中国画艺术委员会副主任、北京美术家协会副主席、中国油画学会理事、中国艺术研究院美术研究员等职。

　　⑥ 颜振卿,1960年12月出生于安徽省亳州市。现任总后军事后勤馆研究员、中国书法家协会编辑出版专业委员会委员、北京书法家协会理事、中华诗词研究会理事、中国颜真卿书画院院长。

　　⑦ 王学岭,1963年生于河南。毕业于首都师范大学,获书法艺术硕士学位。中国书法家协会理事、行书专业委员会秘书长,解放军美术书法研究院艺术委员,中国人民解放军原总参谋部美术书法研究院副院长兼书法创作院院长,中华民族文化促进会理事,中国国际书画艺术研究会理事、副秘书长等。

南有感》、中国书法家协会理事龙开胜捐赠的书法作品《皮日休〈送李明府之任海南〉》、中国书法家协会理事刘洪彪①捐赠的书法作品《曹操〈观沧海〉》；同时，我馆接收中国美术家协会副主席李翔、解放军美术书法研究院副院长张道兴②、中国美术家协会理事苗再新③、中国美术家协会理事王界山④、中国美术家协会理事夏荷生⑤捐赠其合作的国画山水作品《江山无尽图》；2月底，中国民间文艺家协会会员、中国书画家联谊会会员、广东省书法家协会会员唐兹成⑥先生捐赠其书法作品《宋代白玉蟾〈道情〉词一首》给我馆收藏。

2019年3月，中国热带农业科学院热带生物技术研究所⑦向我馆捐赠降真香标本，昌江黎族自治县人民政府向我馆捐赠玉雕作品《木棉情思》及黎陶罐，我馆工作人员陈廷锦捐赠华侨铁皮箱给我馆收藏。

2019年4月，中国书法家协会理事周文彰在我馆举办"感恩第二故乡——周文彰海南诗书作品展"。在开幕仪式上，周文彰先生捐赠其书法作品草书长

---

① 刘洪彪，字后夷，号逆坂斋，1954年生于江西萍乡。中国书法家协会副主席，国家一级美术师，享受国务院政府特殊津贴，中国艺术研究院中国书法院研究员，中国国家画院书法篆刻院研究员。

② 张道兴，男，汉族，海军政治部创作室专职画家，当代著名画家、书法金石家，一级美术师，享受政府津贴，自幼喜爱书画，擅中国画、书法及篆刻。其作品多次参加全国美展、全国书法展和国外书画交流展等。

③ 苗再新，1953年生，山东栖霞人，毕业于解放军艺术学院。中国美术家协会理事、中国书法家协会理事、北京美术家协会理事、北京美术家协会中国画艺委会副主任、中国艺术研究院中国美术创作院创作研究员、解放军美术书法研究院艺委会委员、中国人民武装警察部队总部创作室副主任，武警部队美术书法研究院副院长，国家一级美术师。

④ 王界山，祖籍山东安丘，1963年3月15日出生于山东省青州，先后毕业于解放军艺术学院、首都师范大学。2018年11月，王界山当选为北京美术家协会副主席。

⑤ 夏荷生，1968年出生，安徽庐江人，先后就读于华东师范大学艺术系和中央美术学院郭怡孮花鸟画创作高研班。代表作有《铸·石》《屹立》《天山的诺言》《海天雄风》《凝固的军魂》《时时刻刻》等。其作品多次参加全国性画展，并被国家博物馆、中国美术馆等艺术机构和个人收藏。

⑥ 唐兹成，竹风斋主，男，汉族，1968年出生，广东省惠来县人，毕业于广东广播电视大学汉语言文学教育专业、中国书画函授大学书法专业，揭阳市青年书法家协会理事、惠来县收藏家协会副会长。

⑦ 中国热带农业科学院热带生物技术研究所，创建于2003年，是在热带生物技术国家重点实验室的基础上组建的国家非营利性科研机构。研究所围绕种质与基因资源、作物遗传改良、微生物工程、天然产物化学、热带生物质能源、甘蔗产业技术、热带海洋生物资源利用和转基因生物安全8个研究领域从事基础研究和应用基础研究工作。

卷《海南建省办经济特区 30 周年庆》给我馆收藏。

2019 年 6 月，我馆接收海南省接待办公室①捐赠的 614 件(套)砗磲原贝及砗磲工艺品；5 月，著名插画师二乔先生②向我馆捐赠其画作《南溟子》，书画家王建华向我馆捐赠其国画作品《水芝玉立图》及《家在背山绿水中》；6 月，藏家祁少雄先生捐赠海南苗族沉香蒸饭桶 1 件给我馆收藏。

2019 年 7 月，广东省美协理事邓子敬在我馆举办"情溢海色——邓子敬中国山水画五长卷展"。在开幕仪式上，邓子敬先生向我馆捐赠美术作品《椰风海韵》；7 月 20 日，"墨韵留香——海南郑志聪郑大成父子书法作品展"在我馆举办。在开幕仪式上，郑大成将其作品及已故父亲郑志聪③的书法作品《创业功存聚美名》《国歌高扬民族志，红旗凝聚中华魂》捐赠给我馆收藏。

2019 年 7 月至 10 月，江苏省收藏家协会④、全联民间文物艺术品商会⑤紫砂文化研究会捐赠 575 件紫砂工艺品给我馆收藏；10 月，研究员级高级工艺美术师赵洪福⑥捐赠其紫砂工艺品《洪福齐天》给我馆收藏，国家级工艺美术师赵敏芳捐赠其紫砂工艺品《井菱壶》给我馆收藏。

---

① 海南省接待办公室，于 1993 年 7 月 17 日在海口注册成立，属于国家机构，负责来琼的副省、副部以上领导的接待工作，协调指导直务部门、各市县的内宾接待工作，全面负责对省属接待宾馆和接待办所属实体单位的领导和管理工作。

② 二乔先生，真名乔乔，西安桥合动漫创始人，插画师、漫画家，毕业于西安美术学院。他创作的《唐妞》是陕西省历史博物馆的形象代言人，是陕西首个登上春晚的 IP 动漫形象。2019 年 5 月 18 日，由二乔先生原创的形象"南溟子"成为海南省博物馆 IP。

③ 郑志聪，字洪岳，汉族，海南海口人，1950 年生。1983 年调入海口市群众艺术馆从事书法辅导工作，曾入浙江美术学院进修。书法从赵体入门，主攻行、隶，后取法汉魏诸碑兼汉简，其作品入选"全国第三届书展"。

④ 江苏省收藏家协会，于 2004 年 6 月经江苏省民政厅批准成立，业务主管单位为江苏省文化厅，隶属于南京博物院，是江苏省最权威的省级综合性收藏社团。

⑤ 全联民间文物艺术品商会，是全国工商联直属行业商会，是由中华全国工商业联合会作为业务主管单位，国家文物局作为行业指导部门，在国家民政部正式登记注册的全国性社会组织。

⑥ 赵洪福，男，出生于 1972 年 5 月 22 日，江苏省宜兴市丁蜀镇人，研究员级高级工艺美术师、中国工艺美术学会会员、江苏省工艺美术学会理事、江苏省陶瓷艺术委员会会员、江南大学设计学院兼职教授、江苏省宜兴市丁蜀镇紫砂研究所副所长、江苏省工艺美术高级职称评委。

2019年10月，海南省工艺美术大师于杨青①捐赠其木雕作品《俏皮小弥勒》给我馆收藏；麻耀松、陈玉富、刘小将分别捐赠木雕工艺品《耕犁》《观音》《乐道》给我馆收藏。

2020年新春伊始，我馆举办"琼"尽全力——海南战"疫"特展，面向社会征集抗击疫情相关资料和实物，共接收社会各界捐赠的抗击疫情实物资料237件（套），影像资料及电子数据2693.12兆（MB），为本次展览的顺利开展提供了一定程度的展品支撑。

2020年3月，钓鱼台国宾馆藏珍馆副馆长张宇②捐赠其篆刻作品《千秋一曲满江红》给我馆收藏。

2020年4月，为迎接解放海南岛70周年，铭记历史，共忆峥嵘岁月，我馆于2020年4月30号举办"碧海丹心——解放海南岛革命文物史料展"。1月至4月，我馆接收藏家蔡于良捐赠的革命文物7件（套），包括中华苏维埃政府钱币、琼崖红军铜锣、民国二十八年（1939）广东省银行琼崖区壹圆、民国二十九年（1940）广东省银行琼崖区壹圆、民国二十八年（1939）广东省银行琼崖区贰角、1949年海南银行贰分和伍分，接收藏家黄居顺捐赠的《毛主席致开幕词》及《朱副主席的开幕词》，接收藏家李鸿基、王弗文捐赠的历史文物共9件（套），包括琼崖民主政府布告、民国十九年（1930）100元纸币、节约建国储蓄券1000元、节约建国储蓄券到期本息表等，接收藏家李年成捐赠的《中国人民解放军海军授予军衔命令》，接收藏家魏希望捐赠的历史文物10件（套），包括摄影作品《天安门广场全景图》、摄影作品《故宫太和殿》、毛主席画像、《纪念周恩来总理》（文物选刊）、《收租院泥塑群像》、《海南解放三十周年专辑·琼岛星火》创刊号、《人民的悼念》（四五革命运动画册）、庆祝海南解放大巡行海口商会"参加证"

---

① 于杨青，艺名弥勒青，1990年出生于江西抚州，中国非物质文化遗产保护协会木雕专委会委员，江西省工艺美术师，江西省雕刻协会副会长，海南省工艺美术大师，海口经济学院客座副教授。

② 张宇，毕业于中国人民大学艺术学院，师承中央文史研究馆馆员林锴先生。现为钓鱼台国宾馆藏珍馆副馆长、中央文史研究馆书画院研究员。其篆刻作品得于王福厂、陈巨来二家家法，旁参明清诸家。自2002年起，其作品一直被选为国礼，馈赠给各国访华元首。2016年，其创作的巨幅篆书作品《念奴娇·赤壁怀古》被人民大会堂收藏；2017年，其创作的篆刻作品被钓鱼台国宾馆收藏。

等，接收张玉华①将军子女（张建军、张建政、张建经、张建文、张华华）捐赠的张玉华将军工作笔记1本，接收海南黄花梨博物馆②、海南国兴地方收藏艺术中心捐赠的革命文物52件（套），包括解放海南岛纪念章、解放华中南纪念章、海南岛战役纪念册、抗美援朝纪念章、"建设南沙　保卫南沙"纪念章、海南省三八红旗手奖章、献身国防科技事业荣誉证章、抗战胜利60周年纪念章、解放军六五式领章及帽徽、海军一级技术能手证章、海军特等射手证章、牛角火药桶等文物，接收我馆工作人员贾世杰捐赠的革命题材报刊书籍4本，包括《失踪的船》《倚天斩鲸记》《初访五指山》和《光明日报》（一九五〇年五月十一日第三二四号），接收李伯秋③之子李晓军、刘振华④之女刘晓林捐赠的革命题材文物、书籍、照片7件（套），包括李伯秋曾经用过的绿色印花皮箱、《泰山之子刘振华（1921—2018）》《泰山之子——共和国上将刘振华》《海南之战》、刘振华将军照片3张，接收邹平光子女（邹小沛、邹凯利、邹宪力、邹超英、邹昊）捐赠的革命文物5件（套），包括邹平光"渡海功臣"衬衫、邹平光"解放琼崖纪念"背心、曲学之连衣裙（海南战役战利品）、曲学之长筒袜（海南战役战利品）、李伯秋手书《满江红》。这些历史及革命文物为我馆相关特展奠定了一定程度的文物支撑。

2020年5月，海南省工艺美术大师邱名高、中国工艺美术行业艺术大师王国华、中国工艺美术行业艺术大师王家锋、海南省工艺美术技师周力、海南省工艺美术大师夏西林、海南省工艺美术技师廖江泺、海南省工艺美术大师马国芳

---

① 张玉华（1916—2017），山东省文登县（现威海市文登市）人，1916年出生。县立第一小学毕业后，16岁考入荣成师范，毕业后在小学任教4年。1935年加入中国共产党。张玉华是天福山起义的领导人之一，起义部队后被编为山东人民抗日救国军第三军第一大队，张玉华任一中队指导员。牟平县（今已撤销）城被袭击后，第一大队在雷神庙被日军包围，张玉华在受伤的情况下，仍然背着身负重伤的胶东党组织负责人理琪突出重围。1964年晋升少将，获二级独立自由勋章、二级解放勋章、一级红星功勋荣誉章。

② 海南省海南黄花梨博物馆，坐落在海南省海口市大英西三的繁华路口，是全国唯一的集收藏、展览、交流和研究海南黄花梨为一体的博物馆，也是海南黄花梨收藏家协会会员的活动中心。

③ 李伯秋（1916—2005），中华人民共和国开国少将，辽宁省辽阳市灯塔市人。1936年加入中国共产党，1938年参加山东人民抗日救国军。参加了抗日战争、解放战争、抗美援朝战争等，1955年被授予少将军衔。2005年7月18日，在沈阳病逝，享年89岁。

④ 刘振华（1921—2018），山东省泰安人，1938年4月入伍，同年6月加入中国共产党，上将军衔。曾任外交部副部长、原沈阳军区副政治委员、政治委员、原北京军区政治委员等职。2018年7月11日，因病医治无效，在北京逝世，享年97岁。

捐赠7件抗疫工艺美术品给我馆收藏，包括《告别前夕》（木雕）、《逆行者》（木雕）、《逆行者——伟大的英雄》（木雕）、《平凡之中伟大的故事》（竹刻）、《凝》（竹刻）、《献出一片爱，温暖一颗心》（木雕）、《中医"抗疫"药器》（陶艺）。

2020年6月，研究员级高级工艺美术师吴奇敏、正高级工艺美术师史银之、高级工艺美术师范中明、高级工艺美术师陈月娥分别捐赠紫砂工艺品《桑扁壶》《竹趣》《掇只壶》《睿智壶》给我馆收藏；海南书法家协会捐赠29幅书法作品给我馆收藏；同时，全国工商联民间文物艺术品商会紫砂文化研究会捐赠184件紫砂工艺品给我馆收藏。

2020年9月，我馆接收藏家褚华捐赠的《中国人民解放军第四十三军军史》、南京藏家潘洪林捐赠的《革命现代舞剧——红色娘子军》（1970年出版），接收许翔捐赠的其先辈许兴志、乔秀兰的相关革命文物12件（套），包括中国人民抗日战争胜利60周年纪念章、中国共产党成立50周年纪念章、中国共产党成立90周年纪念章（光荣入党60年）、淮海战役纪念章、礼服资历章、渡江胜利纪念章、解放华中南纪念章、华北解放纪念章、中华人民共和国解放奖章、抗美援朝纪念章（中国人民赴朝慰问团赠）、抗美援朝军功章、抗美援朝纪念章（中国人民政治协商会议全国委员会赠），接收藏家张立栋捐赠的陆军第四十集团军编的《中国人民解放军陆军第四十集团军军史（第二卷）》，接收我馆陈列部移交的《全国工农兵劳动模范代表会议纪念刊》《中国人民解放军英雄模范代表会议纪念册（1927—1987）》，接收解放战争时期四十军修械所所长全云白①后人（全俊敏、全俊玉、全俊子、全华、全学、全俊杰）捐赠的全云白遗物12件（套），接收藏家王明英捐赠的其收藏的刘振华将军亲笔信件及刘振华将军致海南文生村书法题词，以上捐赠的革命及历史文物为我馆特展"碧海丹心——解放海南岛革命文物史料展"提供了丰富的文物支撑。

2020年10月，我馆接收华坚捐赠的石雕摆件《红岩故事》《鱼水情深》，接收海南省人大常委会原副主任王学萍捐赠的复制品《琼郡屿地全图》，接收中国

---

① 全云白，1923年8月6日生于朝鲜。他从小在中国的通化当学徒，精通机械制造。日本投降前夕，他组织工人护厂，随后率全厂加入抗日义勇军李永光支队，1945年并入四野。参加过四保临江、三下江南、打锦州、过山海关、过长江、广西剿匪、解放海南岛等战役。1950年，他是第一批赴朝参战人员之一。抗美援朝战争结束后，他被送到武汉高级炮兵学校学习，之后在119师任军械科长，后调到原沈阳军区后勤部组建438工厂，后又调到长春总军事代表室任主任，1990年离休。在军队期间共荣立四大功、一小功、一次三等功。

非物质文化遗产传承人朱雪芬、虞燕燕、胡耀飞、朱亚平捐赠的 8 件蓝印花布工艺品,接收高级工艺美术师朱志芬捐赠的紫砂工艺品《一团和气壶》,接收海峡两岸(海南)文化交流联合会捐赠的 56 幅书画作品。

2020 年 11 月,解放海南岛时期任九师保卫科科长安庭将军子女(安卫平、安磊)将《向四十军将士们的慰问信——中国新民主主义青年团海南区工作委员会启》(印刷)、《向北返的四十军全体同志致亲切的慰问信——中国人民解放军琼崖纵队全体指战员启》(印刷)、四野军渡海照片捐赠给我馆收藏;正高级工艺美术师赵洪福捐赠紫砂工艺品《灵蛇舞慧》给我馆收藏。

2020 年 12 月,我馆接收藏家黄永忠捐赠的 4 件革命文物,包括牛角号、牛角火药筒、皮质粉枪铁砂壶、红缨枪头,接收我馆工作人员刘露媛捐赠的中国人民解放军第四十三军一二八师小功证明书、中国人民解放军中南军区第四野战军立功证明书 2 件革命文物,接收刘振华将军子女刘晓林捐赠的刘振华题词《思想政治工作是我军生命线》《伟大领袖毛泽东主席教导我们:没有一个人民的军队就没有人民的一切》2 件革命题材文物,接收景德镇陶瓷大学教授曹春生[1]捐赠的陶瓷工艺品《生肖陶瓷雕塑——牛》,接收国家一级工艺美术师乐跃萍[2]捐赠的陶瓷工艺品《鹿回头》。

图 2-22　接收藏家黄永忠捐赠的革命文物

---

[1] 曹春生,男,1960 年 1 月生,江西都昌人,毕业于景德镇陶瓷学院美术系。现任该院美术雕塑教研室主任,教授。擅长陶瓷雕塑,兼事瓷绘与现代陶艺。其作品多次参加国内外陶艺展并获奖,《美术报》《中国陶瓷》《雕塑》《中国现代陶艺》等杂志均做报道,现为中国工艺美术学会会员、中国雕塑协会会员。

[2] 乐跃萍,1981 年生于江西景德镇,艺名乐境凯。国家一级工艺美术师,海南省工艺美术技师。2011 年,其木雕作品《儒》在深圳文博会获得银奖。

第三节　文物及藏品的划拨、移交工作

2008年至2021年，海南省博物馆接收国家文物局、中国文物信息咨询中心、海口海关、海口市公安局等单位及部门划拨、查获、移交的一批历史文物，这些文物具有较高的科学、历史和艺术价值。我馆是重要的文物研究与保护单位，承担着保护与修复珍贵文物的责任与义务。将这些历史文物进行妥善的保护与管理，防止珍贵文物等文化遗产受到损害或消失，从而使历史文化遗存永久地传承下去，是我们应尽的职责和使命。

2009年2月，我馆接收海南省文化广电出版体育厅移交的北京奥运会开幕式服装及道具10件（套）。

2009年7月，我馆接收中国国家博物馆水下考古科研与培训基地移交的西沙华光礁1号沉船出水的文物220箱，其中完整器7057件，残件4757件，包括南宋时期的青釉及青白釉瓷碗、青白釉盘、青白釉器盖、青白釉印花小瓶、青白釉葫芦瓶、青白釉小口罐、青釉大盘、长颈瓶、四系罐、粉盒、执壶等类别。

2009年9月，我馆接收海南省文化广电出版体育厅移交的北京奥运会和残奥会的金、银、铜牌各2枚，共计6枚。

2009年11月，我馆接收琼海市公安局随案移交的宋代瓷器255件（套）。这批宋代瓷器完整器较少，基本为残件。瓷器种类以青白瓷、青瓷为主，主要包括碗、盏、碟、葵口盘、八棱盒、粉盒、执壶等类别。

2011年12月，我馆接收海口海关缉私局移交的出水瓷器63件（套）。这批出水瓷器经广东省文物鉴定站[①]鉴定为唐代到清代的文物，主要包括青釉、青白釉、酱釉、青花等釉色品种。瓷器种类有碗、碟、罐、水洗、香炉、粉盒等。这批移交的出水瓷器为我馆研究古代瓷器发展历史提供了珍贵的实物资料。

2012年11月，我馆接收中国文物信息咨询中心调拨的古代文物130件

---

① 广东省文物鉴定站，是广东省文化厅直属单位，主要代表国家对广东口岸的出境文物进行鉴定、查验。广东省文物鉴定站受省文物行政管理部门委托，对执法机关依法没收、追缴的文物，文物拍卖标的，进入流通的文物，私人收藏的文物，馆藏的文物和社会人士捐赠的文物等进行鉴定。

(套),这批调拨的文物时代为新石器时代到清代晚期,主要为二级文物和三级文物,包括新石器时代马家窑文化①彩陶及半山文化彩陶、战国时代灰陶布纹罐、春秋时期青釉尊、汉代青釉双耳罐、南朝青釉刻花褐彩盘、北朝灰陶人物俑、隋代鸡首壶、唐代长沙窑②青釉双系钵、宋代吉州窑③叶纹黑釉碗及影青印花水波鱼纹盘、元代龙泉窑④三足炉、清代乾隆青花花卉盘等文物类别。

2013年1月,我馆接收中国文物信息咨询中心调拨的古代文物1083件(套)。这批调拨的文物时代为新石器时代到民国时期,包括国家一级文物、二级文物、三级文物,主要包括新石器时代马家窑彩陶双耳壶、春秋时期青釉划纹小钵、战国时期印纹硬陶罐、汉代水纹青釉双系壶、东晋青釉褐彩碗、唐代陶俑及长沙窑彩绘花鸟执壶、宋代影青执壶、元代白釉碗、明代青花人物罐及三彩陶俑、清代青花盖罐、民国时期粉彩花卉碟等类别。

2013年7月,我馆工作人员赴中国驻旧金山总领事馆⑤、中国驻美国大使馆接收美国回流文物及藏品8件(套),其中历史文物4件(套),现代藏品4件(套),主要包括①金代—明代石雕菩萨头像,该件文物经鉴定为二级文物,是古代北方中原地区寺庙中的菩萨头像,系主尊佛的胁侍;②铠马骑俑,该件文物经

---

① 马家窑文化,1923年首先发现于甘肃省临洮县的马家窑村,故名马家窑文化,出现于距今5700多年的新石器时代晚期,历经3000多年的发展,有石岭下、马家窑、半山、马厂四个类型。主要分布于黄河上游地区,青海境内的洮河、湟水流域及甘肃大夏河和凉州区的谷水流域一带。

② 长沙窑,又称长沙铜官窑,始于初唐,盛于中晚唐,衰于五代,前后经历了200多年,距今已有1000多年的历史,是与浙江越窑、河北邢窑齐名的中国唐代三大出口瓷窑之一,也是世界釉下多彩陶瓷发源地。

③ 吉州窑瓷,是汉族传统制瓷工艺中的珍品。吉州古窑兴于晚唐,盛于两宋,衰于元末,因地命名,又名东昌窑、永和窑。吉州窑产品精美丰富,尤以黑釉瓷(亦称天目釉瓷)著称,其独创的"木叶天目""剪纸贴花天目"和"玳瑁天目"享誉中外。洒釉、虎皮天目等也是吉州窑的标志性品种。

④ 龙泉窑,是中国历史上的一个名窑,宋代六大窑系之一,因其主要产区在浙江省龙泉市而得名。它开创于三国两晋时期,结束于清代,生产瓷器的历史长达1600多年,是中国制瓷历史上最长的一个瓷窑系。龙泉窑以烧制青瓷而闻名,北宋早期以前的产品风格受越窑、瓯窑、婺州窑的影响,产品特征与越窑、瓯窑、婺州窑的产品相似:胎质较粗,胎体较厚,釉色淡青,釉层稍薄。

⑤ 中华人民共和国驻旧金山总领事馆,简称"中国驻旧金山总领事馆",是中华人民共和国在美国旧金山市设立的外交机构。1979年8月24日,中国与美国达成互设总领事馆协议,中国确定在美国旧金山市设立总领事馆。1979年12月13日,中国驻旧金山总领事馆开馆。

鉴定为三级文物,出土于古邺城(今河北临漳县)一带,其造型凸显东魏时期拓跋鲜卑风格;③民国时期泥塑敷彩佛头像;④明代牌楼挂板,该件文物经鉴定为三级文物,是明代徽州①一带的石碑坊构件,雕刻工艺精湛,装饰技艺水平较高。

2015年5月,我馆接收国家文物局水下文化遗产保护中心移交的西沙群岛甘泉岛2015年度陆地考古调查采集标本109件(套)。该批标本由西沙群岛2015年水下考古工作队采集发掘,主要以陶瓷器为主,还有部分玻璃器和石构件,主要包括碗底瓷片、夹砂红陶残片、灰褐陶残片、青花瓷片、白瓷碗残片、青花碗、石柱、石杵、石板等类别。

2015年8月26日,我馆接收海南省文物考古研究所陆上考古工作队移交的澄迈福安窑址②文物389件(套)。

2018年4月,我馆接收国家文物局水下文化遗产保护中心移交的2016—2017年度西沙群岛水下考古调查队发掘的出水瓷器及残件50件(套),该批出水瓷器及残件主要包括风字砚台、五彩盘残件、五彩碟残件、白釉碟残件、青白釉杯残件、五彩盅残片、青花变形寿字纹碗残片、青花花卉纹盘残片、青白釉汤匙残片、青白釉瓶残片、青白碗残件、青花灵芝纹盘残片、青白釉盅残件、砚台残件、青瓷罐等类别。

2020年5月,我馆接收海口市公安局移交的海捞瓷、钱币等文物400件(套),包括宋代青白釉刻花盘、宋代青白釉盘口执壶、宋代青白釉菊瓣形粉盒、宋代青白釉印花粉盒、宋代青白釉凤鸟形砚滴、宋代青白釉鸭形盒、宋代青釉斗笠碗、宋代瓜棱盒、宋代铜钱、元代青釉印花双系罐、明代青釉残片、明代青花瓷片、明代青花松鹿纹盘、明代青花人物纹碗、明代青花瑞兽纹盘、明代青花婴戏纹盘、清代青花器座、清代蓝釉盒、清代青花花卉纹碗、清代青花福禄寿三星盘、

---

① 徽州,简称"徽",古称歙州,又名新安,是江南省分割后安徽之"徽"的命名来源。今徽州分属安徽省与江西省,并分隔为黄山市、绩溪县(宣城市)与婺源县(上饶市)。宋徽宗宣和三年(1121),改歙州为徽州,府治在今歙县。从此历宋、元、明、清四代,统一府六县(歙县、黟县、休宁、婺源、绩溪、祁门),明清时徽商称雄中国商界500余年,有"无徽不成镇""徽商遍天下"之说。徽文化也成为中外学者重点研究的中华三大地域文化之一。

② 澄迈福安窑址,清代瓷窑,窑址在海南省澄迈县。1964年被发现,2004年发掘,出土清代陶瓷1000多件。釉色有青釉、青花、酱釉等。器型主要有碗、壶、罐、杯、盅、盘、碟、盆、缸、瓮、盏、香炉、砚台、烟斗、器盖、瓷权等。其中青花器带字款、花卉图案,有的瓷罐带有具有海南地方特色的青蛙纹样。此外还发现有大量的垫饼、垫圈、垫钵等窑具。

清代青花花卉纹盒等品类。

图 2-23 我馆接收海口市公安局移交的海捞瓷、钱币等文物

第三章　海南省博物馆历年征集文物研究

博物馆是征集、保管、陈列、研究自然和人类文化遗产实物的场所,其通过文物展览的方式,让观众了解到古代历史文化发展的脉络。世界各国通过文物藏品来体现其历史文化的发展进程,所以能够成为文物及藏品的实物,必须具备一定的历史、人文、科学、艺术、学术等价值,且是人类社会发展进程中客观存在的见证。博物馆和文物藏品密不可分,文物藏品的种类决定了博物馆的性质。我馆是一座综合性的博物馆,收藏的文物范围较广,种类繁多。作为我馆藏品征集部的专业技术人员,本人将开馆以来征集到的各类文物划分为陶瓷类、杂项类、民族类三种研究类型,通过对三种类型的文物藏品的研究及鉴赏,使读者深入了解我国古代文物发展历史、海南及南海历史文化和民族风俗情况,让读者对海南省内外文物及藏品有一定程度的认知和了解。

第一节　陶　瓷　类

陶瓷与人类历史文明的发展进程有着密切的联系,陶器和瓷器合称为陶瓷,是人类利用黏土矿物或岩石等多种天然资源,经过一定的高温煅烧后形成的各种食用器皿和观赏艺术品。陶器是将泥土通过手工、慢轮、快轮等方式捏塑成型,经过高温(700℃—900℃)烧制而成的器皿。瓷器是在陶器的基础上发展起来的,它是由瓷石、高岭土、石英石、莫来石等原材料加工而成,外表施釉料,再经过高温(1200℃—1400℃)烧制而成的器皿。陶瓷是一种物化的文化,凝聚了古代先民们高超的智慧和创造力。中国历代的陶瓷装饰艺术展现了当时的科学技术和经济文化发展水平,是科学技术与文化艺术相结合的时代产物。

自海南省博物馆开馆以来,通过市县调拨、考古发掘和社会征集,馆藏陶瓷不断增加。国家文物局也给予我省文博事业大力的支持,将上自新石器时代,下至民国时期,时间跨度达七八千年之久的1200余件珍贵陶瓷器划拨入藏我馆。

一、新石器时代陶器

新石器时代以磨制石器为典型代表。在新石器时代,人类已经开始定居并从事农耕和畜牧业生产,陶器开始出现。从制作工艺、技术的角度看,中国的新石器时代陶器可以分为北方地区、南方地区两大类型,各地大体都经历了手制、模制、轮制的由原始到进步的发展过程。这一时期的陶器按照用途可分为饮食器、炊煮器、储藏器;按照陶质可分为红陶、灰陶、黑陶、白陶、彩陶等。新石器时代的彩陶以黄河中上游的仰韶文化和马家窑文化最具代表性。

新石器时代的彩陶纹样主要以彩绘的几何纹样和动植物纹样为主,常见的纹饰有绳纹、弦纹、网纹、垂幛纹、水波纹、旋涡纹、古叶纹、方格纹、三角纹、圆圈纹、波折纹、宽带纹、锯齿纹以及鱼纹、鸟纹、蛙纹等。原始先民们以磨光、拍印和彩绘等装饰艺术手法来展现原始彩陶特有的古朴淳厚和抽象干练的艺术风格,这些写实和抽象的纹饰表现了先民们朴素的审美观念以及他们对精神文化生活的无限追求。

马家窑文化是在仰韶文化的基础上发展而来,分布于黄河上游地区,青海境内的洮河、湟水流域及甘肃大夏河一带的新石器时代晚期文化,其突出特征是彩陶业特别发达。马家窑文化彩陶分为泥质和夹砂两类,主要采用泥条盘筑和捏塑法制作而成。陶器表面打磨光滑,多以黑彩描绘花纹,图案精美,器型多样。人面鱼纹和蛙纹是具有代表性的彩陶花纹。

马家窑彩陶双耳罐(图3-1),新石器时代陶器,2012—2013年国家文物局调拨。器物高17厘米,长12厘米,宽8厘米。材质为泥质红陶,敞口,束颈,溜肩,鼓腹,下腹陡收,小平底,颈腹之间置双耳。胎面磨光,胎体橙红。从口沿至上腹部,橙红色陶衣上以黑彩描绘纹饰。颈部绘菱形网格纹。肩部、上腹部饰三角网格纹及方格纹。双耳饰排列规则的三组横条纹。双耳下方有交叉网格纹分隔肩、腹部主体纹饰。此罐器型规整,造型古朴,是马家窑文化彩陶的典型器物。

马家窑文化彩陶网格纹壶(图3-2),新石器时代陶器,2012—2013年国家文物局调拨。器物高48.7厘米,口径14.8厘米,底径13厘米。壶为侈口,短颈,

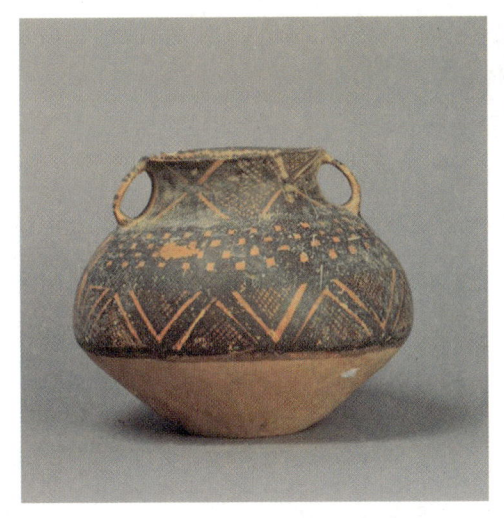

图 3-1 马家窑文化彩陶双耳罐　　图 3-2 马家窑文化彩陶网格纹壶

溜肩,鼓腹,腹下渐收,小平底。腹部两侧对称装饰双耳,器物颈部绘有网格纹。肩、腹部以对称分布的大圆圈为主体,构成黑红彩绘制的多重涡纹。圆圈区域内用黑彩线条绘制网格纹,并搭配有红色彩绘。壶身纹饰设计动感强烈,彩绘和陶器底色配合,红、黑两彩交相辉映,器表打磨光亮。该壶是马家窑文化半山类型彩陶的典型器物。

图 3-3 齐家文化彩陶单柄陶壶

齐家文化彩陶单柄陶壶(图 3-3),新石器时代陶器,2012—2013 年国家文物局调拨。器物高 8.7 厘米,口径 6.2 厘米,底径 3.9 厘米。材质为泥质黄褐陶,壶敞口,束颈,溜肩,鼓腹,平底。壶身一侧置柄。口沿内一周连续绘红色半圆,似花瓣;颈部绘红色竖条纹;腹部绘红色网格纹;柄上绘红色网格纹。齐家文化陶器以素面陶器居多,也有少量彩陶,绘以菱形、网格、三角、水波和蝶形花纹,线条简洁而流畅。

二、商周—战国陶瓷

商周至战国时期是陶器演变为瓷器的过渡阶段,也是原始瓷的发生发展阶段。商代原始瓷数量并不多,主要分布在以浙江为中心的江南地区和以河南为代表的北方中原地区。商代原始瓷种类较少,器型单一,纹饰简洁,主要纹饰有弦纹、饕餮纹、云雷纹、叶脉纹、水波纹、斜方格纹等。原始瓷发展到春秋时期,进入了早期青瓷的发展阶段。战国时期的陶瓷业生产更加集中和专业化,浙江、江苏、江西、福建、广东、广西以及湖南等地区,开始出现印纹硬陶和早期青瓷,而印纹硬陶和早期青瓷在江苏、浙江、江西等区域更为盛行。

印纹硬陶最初出现于距今4000多年的长江中下游地区。商周时期,印纹硬陶开始在中原地区陆续出现,制作工艺有了极大的发展。它是由氧化铁含量较低的瓷石类黏土在1100℃左右的高温下烧制而成的陶器,坚硬致密,吸水率比较低,因其表面饰有几何纹样,故被称为印纹硬陶。印纹硬陶基本采用泥条盘筑法成型,器表纹饰以刻印有花纹的拍子拍印而成。印纹硬陶常见的纹饰有叶脉纹、云雷纹、人字纹、绳纹、方格纹、回纹、曲折纹、菱形纹、波浪纹等,通常还在器表加饰数周堆纹和一些划纹和弦纹,这些纹饰传承于早期的编织物,起到一定的加固作用和艺术审美的作用。

网格席纹硬陶捏塑双耳罐(图3-4),战国时代器物。该器物高25厘米,口

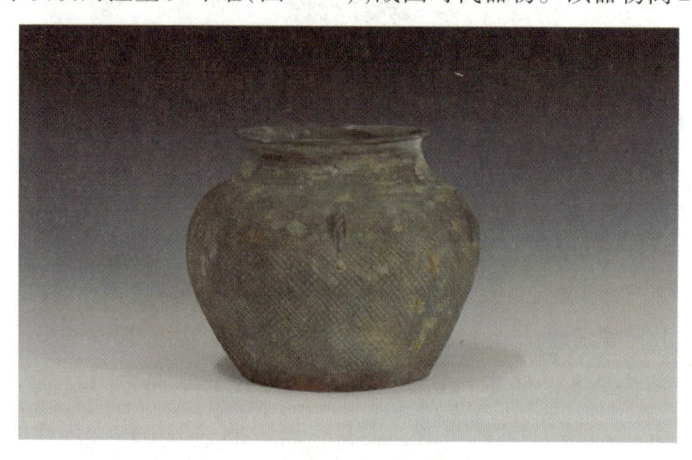

图3-4 网格席纹硬陶捏塑双耳罐

径 17.2 厘米,底径 16.9 厘米。罐敞口,卷沿,短颈,圆鼓腹,平底。材质为灰色印纹硬陶。颈部装饰数道弦纹。肩部两侧对称捏塑绳纹双耳。肩部拍印席纹,腹部至底部拍印网格纹。

图 3-5 蟠螭纹陶罐

蟠螭纹陶罐(图 3-5),战国时代器物,2010 年澳门多珍堂捐赠。该器物口径 25.6 厘米,底径 24 厘米,高 19.5 厘米。材质为灰褐色印纹硬陶,罐撇口,短颈,折肩,鼓腹,平底。颈部装饰数道弦纹。肩部和底部拍印网格纹,腹部中间拍印蟠螭纹。该罐造型规整,纹饰清晰,为战国时期印纹硬陶典型器物之一。

在高温烧制印纹硬陶的过程中,窑内气流夹带的草木灰落在胎体上,熔融后形成玻璃态物质,显示出轻微的光洁度,使器表局部有很薄的光亮层。这些因素给窑工带来启发,原始青瓷开始出现。原始青瓷烧成温度一般为 1200℃ 左右,烧造温度高于印纹硬陶。

商代中晚期开始出现原始青瓷产品,到了西周、春秋,以浙江为代表的原始青瓷生产进入高峰期。这一时期原始青瓷的器型和装饰艺术均受到了中原地区青铜器装饰风格的影响。主要的装饰纹样有云雷纹、勾连云纹、双勾线"S"形纹、锥刺纹、波浪纹等。在浙江及周边地区出现一种酱褐色原始瓷器,这类器物的肩部常刻有细线飞鸟纹、水波纹、流云纹等。

原始青瓷尊(图 3-6),春秋时期器物,2012—2013 年国家文物局调拨。该器物高 9.8 厘米,口径 14.2 厘米,足径 8.8 厘米。尊撇口,颈部斜收,溜肩,鼓腹,圈足外撇。口沿饰弦纹,肩部贴塑双勾线"S"形纹。胎体呈褐色。器表有玻

图 3-6　原始青瓷尊

璃质青釉,施釉未及底。烧成温度较低。器物造型不甚规整。器表釉层较薄且不均匀,有流釉现象。此器物是原始青瓷的典型代表。

三、汉代—唐代陶瓷

汉唐时期,是我国封建社会中央集权加强、文化发展、艺术繁荣的鼎盛时期,西域特色文化经由丝绸之路传入我国。陶瓷作为一种特殊的艺术载体,在汉唐文明方面有着标志性的体现。汉代铅釉陶的烧制成功,开创了我国低温釉陶大量生产的先河。唐代瓷器出现了"南青北白"的局面,南方青瓷以越窑为代表;北方白瓷以邢窑为代表。湖南长沙窑青瓷的釉下褐彩和釉下模印贴花独树一帜,唐三彩釉器绚丽斑斓,釉色浓艳热烈。

汉唐陶瓷装饰艺术善于吸取各个时期和地域文化的优点,不断创新陶瓷装饰题材内容。汉代流行云纹、狩猎纹以及珍禽异兽纹饰,颇具浪漫主义色彩。两晋南北朝时流行人物纹、舞乐纹、鸟兽纹、网格纹、方格纹、铺首、忍冬纹、缠枝纹、蕉叶纹、佛像和莲花纹等纹饰。隋唐时期陶瓷装饰工艺取得了更加辉煌的成就,除了传统的几何纹、联珠纹、忍冬纹、缠枝纹、莲花纹,还增加了牡丹、宝相花、石榴、菊花、龙凤、仙鹤、鸳鸯、麒麟、飞鸟、鱼虫、山水云气、人物等纹饰,画面精美,形象写实。随着中外文化交流的进一步加强,充满异域风格的陶瓷器纹饰和造型也开始出现。

青釉水波纹双系长颈瓷瓶(图3-7),汉代器物,2012—2013年国家文物局调拨。该器物高27厘米,口径6.9厘米,底径9.6厘米。瓶直口,长颈,溜肩,鼓腹,平底。上腹部施青釉,口沿及颈部下刻划双圈弦纹,颈肩交接处刻划三层水波纹,腹部装饰多道弦纹。肩部对称贴塑双系,每个系均有两个互相粘连的绳纹装饰而成。

图 3-7　青釉水波纹双系长颈瓷瓶　　图 3-8　青釉水波纹铺首双耳瓷壶

青釉水波纹铺首双耳瓷壶(图 3-8),汉代器物,2012—2013 年国家文物局调拨。该器物高 44.2 厘米,口径 15.6 厘米,底径 16.2 厘米。壶撇口,束颈,溜肩,鼓腹,平底略内凹。胎体坚致。壶身施青釉,釉层不均匀。肩部对称贴塑铺首耳,铺首顶部贴塑乳钉装饰,耳下衔环。颈、肩、腹部刻划水波纹,并饰有多组弦纹。造型敦厚古朴,纹饰简练,釉色较深。该器物是典型的西汉原始青瓷向东汉成熟青瓷过渡时期的产物。

秦始皇陵开创了大型陶俑随葬的先河,汉承秦制。陶俑是墓主人生前社会等级的重要标志。死者生前社会地位的高低,决定了随葬陶俑身份的差异和规模的区别。汉代陶俑五官和身体比例比秦代有所缩小,更注重人俑神情和动态的把握,仕女俑、杂技俑、乐舞俑在汉代陶俑中比较常见。

彩绘听琴女俑(图 3-9),汉代器物,2012—2013 年国家文物局调拨。该器物高 36 厘米,长 23 厘米。汉代社会安定,经济富足,人们注重享乐,现实生活中的一些享乐活动场景及生活用品,被仿制成明器陪伴墓主人,听琴女俑便是其中之一。我馆收藏的这件听琴女俑双腿跪坐,似正专心致志地欣赏音乐,听到会心处,情不自禁地以手扶耳,似乎余音绕梁之感不绝。

图 3-9　彩绘听琴女俑　　　　　　　图 3-10　彩绘女俑

青釉双耳盘口壶(图 3-11),西晋器物,2012—2013 年国家文物局调拨。该器物高 23.6 厘米,口径 14.2 厘米,底径 12 厘米。壶盘口,束颈,丰肩,鼓腹下收,平底。通体施青釉,施釉不及底,近足处无釉。外口沿凸起弦纹,肩部堆贴兽面衔环装饰,两侧各置双系,肩部模印网纹。此类造型的壶在西晋时期较为多见,是当时盛水的器皿。此壶造型庄重规整,釉色匀净,其兽面衔环装饰和模印网纹都是西晋时期青瓷的常见纹饰。

图 3-11　青釉双耳盘口壶

图 3-12 青釉鸡首瓷壶

青釉鸡首瓷壶（图 3-12），东晋器物，2012—2013 年国家文物局调拨。该器物高 17.7 厘米，口径 7.2 厘米，底径 11 厘米。壶盘口，竖颈，溜肩，鼓腹。以鸡首为流，高冠引颈，圆目微凸，对称一侧置柄。肩部设有对称桥型系一对。丝帛般的青釉与沁入其中的土锈点相映成趣，表现出悠远的魏晋风范。

唐代国力强盛，社会开明，是我国封建社会的黄金时期。由于社会环境稳定繁荣，文人和禅宗兴盛对茶文化的推动，茶人兴茶，皇家重茶，文人写茶，佛教崇茶，商人卖茶，百姓饮茶蔚然成风。唐代饮茶之风盛行是经济文化发展的必然趋势，大大促进了瓷器制造业的发展，各地出现了不同风格、不同特色的窑系。唐代制瓷技术的提高为专用陶瓷茶盏的产生和发展奠定了工艺基础，花口样式的茶碗开始出现，敞口浅腹造型的茶盏在当时是典型的饮茶用具。

白釉瓷罐（图 3-13），唐代器物，2012—2013 年国家文物局调拨。该器物高 21.4 厘米，口径 9.2 厘米，底径 8.9 厘米。罐有宝珠形钮盖，圆唇，口沿外撇，短颈，丰肩，鼓腹，腹下渐收，平底。胎质细腻坚硬，通体施白釉，釉面洁白光亮，造型浑圆饱满、端庄丰盈。

白釉茶盘（图 3-14），唐代器物，2010 年澳门多珍堂捐赠。盘通高 4.9 厘米，直径 22.5 厘米，杯高 2.8 厘米，口径 5.5 厘米。此杯盘由承盘、6 个小杯和 1 个小罐组成。承盘敞口，平底。盘内置小杯，环绕中心小罐。小罐缺失。盘外壁及小杯施白釉，盘内无釉。此套杯盘应为饮具，是用来随葬的明器。

图 3-13 白釉瓷罐　　　　　　　　图 3-14 白釉茶盘

长沙窑是中国古代陶瓷釉下彩的发源地,在瓷器装饰技法上有很大的创新。长沙窑首创釉下彩和釉中彩,并巧妙地把民间传统装饰技艺如划花、镂雕、堆贴、捏塑、模印、剪纸等技法移植过来,创作出一套风格迥异的装饰手法。它将山水、人物、花鸟及诗文书法创造性地运用于瓷器装饰艺术上,沿袭了湖湘文化的审美风格。长沙窑的彩绘装饰从单一的褐彩装饰逐渐发展到褐、绿两彩装饰,从斑点图案发展到状物写实纹饰,这种彩绘装饰艺术和丰富的釉面装饰风格彰显了独特的地域特色和时代特征,对我国陶瓷发展历史产生了深远的影响。

长沙窑青釉彩绘花鸟纹执壶(图 3-15),唐代器物,2012—2013 年国家文物局调拨。该器物高 17.9 厘米,口径 9.8 厘米,底径 10.4 厘米。壶身呈瓜棱形,壶撇口,阔颈,长圆腹,平底。壶肩一侧置六棱形流,另一侧置曲柄,通体施青釉。腹部以釉下褐彩勾描一株花草及一只硕鸟,褐彩线条内涂釉下绿彩。此器造型饱满,青釉下有褐、绿两种色彩,图案线条流畅,是不可多得的唐代长沙窑瓷器珍品。

长沙窑青釉贴花瓷执壶(图 3-16),唐代器物,2012—2013 年国家文物局调拨。该器物高 20 厘米,口径 8.9 厘米,底径 11.5 厘米。壶口外撇,阔颈,丰肩,长圆腹呈瓜棱形,腹壁斜直,平底。壶肩置八棱形流,对称处设曲柄,与流、柄呈十字形。器物通体施青釉,釉色青中泛黄。肩、腹处模印椰枣纹,椰枣纹饰

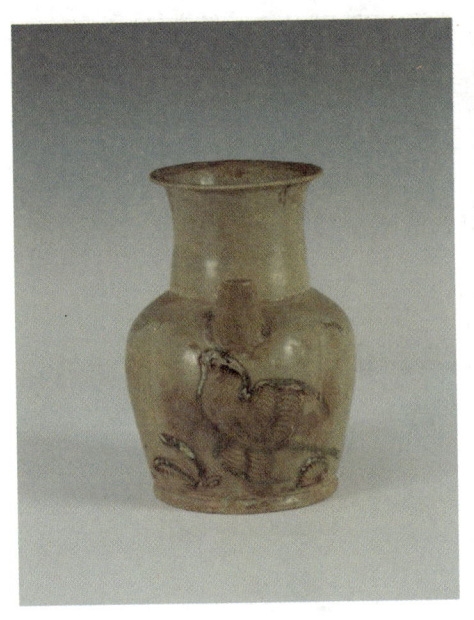

图 3-15　长沙窑青釉彩绘花鸟纹执壶　　图 3-16　长沙窑青釉贴花瓷执壶

上覆盖大块褐色釉,形成三个椭圆形斑块,突出了图案的装饰效果。此执壶造型和纹饰极具异域风情,是唐代长沙窑外销西亚各国的产品。

唐三彩是一种色彩多样的低温釉陶器,它以细腻的白色黏土做胎料,用含铅、铝的氧化物做熔剂,用含铜、铁、钴等元素的矿物质做着色剂,其釉色呈黄、绿、蓝、白、紫、褐等多种色彩,但多以黄、绿、白为主,有的器物只具有上述色彩中的一种或两种。人们将这种器物统称为"唐三彩"。唐三彩是研究唐代社会生活习俗和经济文化发展最直观的文物资料。

三彩马(图 3-17),唐代器物,2018 年 6 月国家文物局划拨。该器物高 73.7 厘米,长 81.3 厘米。马首微倾,偏向一侧,戴辔头,两耳竖立,双眼炯炯有神,目视前方,马鬃短写,四腿直立于长方形底板之上。通体施棕黑釉,呈现自然毛釉斑点。马的脸部、颈部、尾部均为白色。辔头、四蹄等以黄、绿釉装饰。造型简洁利落,但细部处理一丝不苟,如梳理整齐的三朵花式的马鬃、装饰白釉斑块的马臀,使其造型栩栩如生。唐代以马为题材的工艺品比比皆是。此三彩马体形健硕,英姿勃发,其雄伟风姿彰显出古代盛唐昂扬向上的精神面貌。

三彩双龙耳瓶(图 3-18),唐代器物,2012—2013 年国家文物局调拨。该器物高 28.5 厘米,口径 5.7 厘米,底径 9.1 厘米。瓶盘口,细长颈,溜肩,腹部丰

图 3-17　三彩马　　　　　　　图 3-18　三彩双龙耳瓶

满,至下部渐收。颈上装饰5道弦纹。器物口沿与肩之间设有两个对称的龙形柄,柄身高耸直立。龙头探进瓶口,衔住口沿。双龙耳瓶是唐代非常流行的瓶式。唐代除唐三彩双龙耳瓶外,还有白釉、青釉等釉色品种。这种器型是在两晋鸡首壶的基础上发展而来的,并受到西域文化的影响,其端庄典雅的造型彰显大唐盛世的神韵。

唐代是中国陆路对外交通的鼎盛时期,也是中国古代大规模海上对外交流贸易的创始时期。在唐代与世界各国交往的过程中,陶瓷是重要的联系物品之一,因为瓷器容易破损,不宜在陆上运输,所以古代商人选择了海上运输方式,世人称之为"海上丝绸之路"。唐代输出的陶瓷产品产自全国各地重要的窑口,有长沙窑瓷器、越窑青瓷、邢窑白瓷和广东地区的青瓷产品。同时,唐代陶瓷工艺品也深受国外艺术风格的影响,出现了一批充满异域风情的陶瓷制品。

三彩胡人俑(图3-19),唐代器物,2010年澳门多珍堂捐赠。该器物高28.4厘米,底座6.8厘米×5.8厘米。此俑通身彩绘,头戴幞头,身穿翻领袍服,袍服下摆撩起缠于腰间,腰间系带,凸目圆睁,鼻阔口大,留有蓬松的络腮胡须。下穿窄腿裤及皮靴。双手攒握,右手置于胸前,左手置于腰间。全神贯注地注视前方。此俑形象应为文献记载中的"胡人"。唐代经济发达,国力强盛,中亚、西亚的商人,沿着丝绸之路,往返于戈壁沙漠与长安城之间。出土的形态各异的胡人俑,再现了昔日丝绸之路贸易的盛况。

图 3-19 三彩胡人俑　　图 3-20 彩绘陶骆驼

彩绘陶骆驼(图 3-20),唐代器物,2010 年澳门多珍堂捐赠。该器物长 42 厘米,高 47 厘米。此件骆驼搭挂着兽面纹饰的驮囊,水壶安放就位。它引颈张口,后肢直立,前腿略弯,仿佛刚从卧姿直身而起,仰天长嘶,准备踏上西归的征途。恍惚间,长安城里喧闹的东、西市,驿站旁酒巷里巧笑的少女在你身旁一一展现,你就在大唐盛世的气氛里感受异域与东方的传奇。

唐代陶俑品种较汉代有所增加,从出土的唐三彩人物俑来看,不仅有文臣、武将、贵族等上层统治集团中的人物,也有仆夫、武士、商人、乐队、侍女等中下阶层的形象,充满丰韵的贵妇俑也是唐代比较盛行的陶俑形象。此外,还有当时在中国居住的欧洲、亚洲和非洲许多国家和地区的人物俑形象,这类人物俑的体形姿态、衣着打扮反映了唐代社会风貌,为后世留下了极其宝贵的资料。

彩绘女俑(图 3-21),唐代器物,2010 年澳门多珍堂捐赠。该器物高 48.5 厘米,宽 18 厘米,厚 17 厘米。女俑袖手而立,梳倭堕髻,面庞圆润,鼻高口小。妆容秀丽,画黛眉,抹胭脂。身着敞领小袖衣、高束腰长裙。体态丰腴。衣饰的刻画流畅飘逸。该彩绘女俑是盛唐时期妇女的典型形象。

图 3-21　彩绘女俑　　　　　　图 3-22　彩绘骑马女俑

彩绘骑马女俑(图 3-22)，唐代器物，2010 年澳门多珍堂捐赠。该器物高 42.5 厘米，底座 18 厘米×11 厘米。骑马女俑圆脸、阔眉、朱唇，身穿红色圆领窄袖裙服，长裙自然飘逸，足穿尖头鞋，神情悠然，高贵文雅，似乎正在享受遛马之后的悠闲。窄袖裙服是受少数民族服饰影响产生的装束，这种装束便于人们骑马出行。该女俑从一个侧面反映出唐代社会风气的宽容开放及妇女社会地位的提高。

四、两宋辽金瓷器

两宋时期的陶瓷工艺不断革新，官窑辈出，私窑兴起。最著名的五大名窑是汝窑、钧窑、官窑、哥窑、定窑。此外还有建窑、吉州窑、耀州窑、景德镇窑等著名的窑址。瓷器的釉色明显增多，有耀州窑的青瓷、定窑的白瓷、建窑的黑瓷等。宋瓷通常以单色釉著称，崇尚自然、含蓄、质朴。宋代许多瓷器有巧夺天工的自然纹饰，如青瓷中的开片、南宋哥窑瓷器釉面上的蟹爪纹、钧窑的窑变釉、江西的吉州窑和福建的建安窑等地瓷器上出现的玳瑁纹、兔毫纹、油滴斑等纹饰，这些花纹的出现代表宋代瓷器装饰技法产生了质的飞跃。

辽金的制瓷业也有了一定程度的发展。辽代建立以后,学习汉族的制陶技术。官府设立了"瓷窑官"统筹掌管朝廷的官窑事务。辽代陶瓷主要是仿定窑瓷系,辽代民间窑坊还仿磁州窑烧造黑花瓷、黑釉瓷、灰釉、黄釉和酱釉等瓷器品种。金代制瓷业是在宋辽制瓷业的基础上而发展起来的。金灭辽后,占据了辽的各个窑场,包括中国北部的所有窑场,故金代瓷器多沿袭宋辽的器型,刻、划花装饰最有代表性。瓷器口沿下通常刻有锯齿纹,腹体多刻凹凸线纹,有浅浮雕的效果,时代特征突出。

图 3-23　青白釉芦雁纹瓷盘

青白釉芦雁纹瓷盘(图 3-23),宋代器物,2012—2013 年国家文物局调拨。该器物高 3.4 厘米,口径 16.7 厘米,足径 5.6 厘米。盘敞口,浅斜弧腹,矮圈足,胎质细腻,胎色灰白。此盘采用覆烧工艺,器口不施釉,以免与垫圈组合的匣钵粘连,故为芒口。其余部分施釉,内壁模印回形纹与菊瓣纹,盘心模印芦雁纹。外壁光素,釉色青白,釉质温润。

青白釉折肩钵(图 3-24),宋代器物,2012—2013 年国家文物局调拨。该器物高 9.8 厘米,口径 21.5 厘米。钵敞口,折沿,束颈,折肩,下腹斜弧收,平底。底部不施釉,胎体致密洁白,釉色青白淡雅,色泽温润如玉。

宋代瓷器的艺术风格严谨、含蓄、理性,它充分物化了中华民族的文化精神和审美意识。宋代瓷器的美学风格与特征主要体现在三个方面:一是瓷器造型优美多姿;二是瓷器装饰技巧和图案纹样丰富多彩;三是瓷器釉色晶莹润泽。宋瓷之美文静而含蓄、温润而内秀,不论在造型、装饰方面还是在釉饰方面都蕴含着宋人特有的文化品位、艺术境界和崇高的美学精神追求。加上宋代统治阶

图 3-24　青白釉折肩钵

级崇奉道教，统治者在全国大力扶持和推行道教，道教含蓄质朴的审美观对瓷器装饰风格产生了深远的影响。宋代理学的盛行也是宋人追求造型简约、质朴高雅的瓷器的原因之一。

宋代瓷器造型多简约，很多瓷器品种仿造商周、汉代的青铜器和礼器。宋瓷的装饰工艺有胎装饰、釉装饰和工艺装饰三种类型。宋瓷的装饰纹样也丰富多样，主要的纹饰题材包括植物类、动物类、人物类、佛教造像类、道教造像类等。宋代瓷器纹饰不仅画面生动，富有变化，而且寓意吉祥，具有浓郁的现实生活气息。

青白瓷是宋代江西景德镇窑创烧的仿青白玉质效果的新兴瓷种，其釉色青白淡雅，胎质致密洁白，色泽温润如玉。常在器壁雕精美的花饰，纹隙处的积釉呈色较深，映现出青色的纹影。由最初的青白瓷，到影青瓷、映青瓷、隐青瓷、罩青瓷，再到青白瓷和影青瓷并称，不同时期的青白瓷称谓有所不同。宋代景德镇青白瓷造型丰富，种类繁多，装饰工艺新颖，手法多样，出现了刻花、划花、印花、贴花、镂空、捏塑、点彩等多种装饰手法。宋代景德镇烧制的青白瓷，色泽如玉，晶莹剔透，不仅符合中国"以德比玉"的传统理念和道德思想，更迎合了宋人清淡高雅的审美趣味。

图 3-25 青白釉印花水波鱼纹盘

青白釉印花水波鱼纹盘(图 3-25),宋代器物,2012—2013 年国家文物局调拨。该器物高 3.1 厘米,口径 13.8 厘米,足径 9 厘米。盘敞口,口沿因覆烧而形成较宽的芒口,斜腹壁,圈足。通体施青白釉,釉色青中透白。内壁模印水波鱼纹,外壁光素。此器造型规整,胎体轻薄,釉色光润。盘中的五条小鱼在青白色釉面的衬托下,仿佛在清澈的湖水中游弋嬉戏,形态自然逼真,极具艺术感染力。

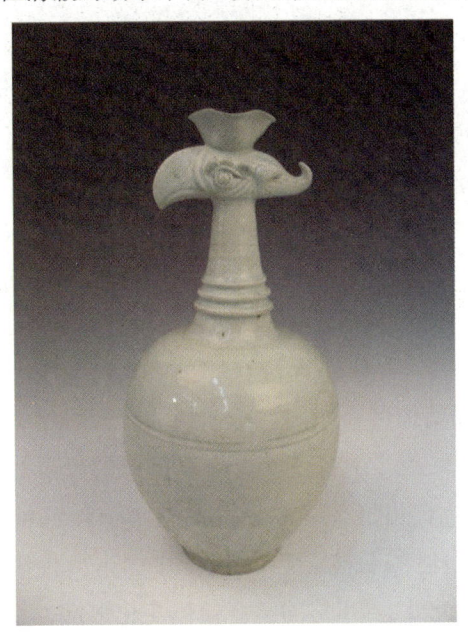

图 3-26 青白釉花口凤首壶

青白釉花口凤首壶(图 3-26),宋代器物,2012—2013 年国家文物局调拨。

该器物高 40 厘米，口长 10.4 厘米。颈的下部渐宽，丰肩圆腹。凤颈下方饰有三道凸弦纹，腹部饰有两道凹弦纹，凤眼炯炯有神，凤冠似四瓣花朵，凤首后部恰似一束长羽上飘的钩弦。纹样装饰精美绝伦，凤首壶胎质洁白细腻，釉色白中泛青，晶莹剔透，美如琢玉。此物为宋代景德镇青白釉的典型器，具有十分重要的历史研究价值和观赏价值。

建窑是宋代著名的黑釉瓷产地之一，宋代建窑的兴起与宋代上层社会饮茶、斗茶风尚有关。宋代建窑烧制的黑釉瓷主要品种是茶盏。黑釉茶盏造型秀丽典雅，纹饰精美，具有良好的保温性，最适合斗茶。建窑茶盏品种繁多，釉面装饰瑰丽璀璨、异彩纷呈。建窑黑瓷茶盏中的曜变釉、兔毫釉、油滴釉在世界瓷业史上享有盛名。建窑黑釉兔毫盏（图 3-27），宋代器物，2012—2013 年国家文物局调拨。该器物高 7.6 厘米，口径 12.3 厘米，足径 4.3 厘米。盏敞口，斜壁，圈足。通体施黑釉，近足处素面无釉，露出黑褐色坚质胎，肥润釉面析出棕褐色兔毫斑纹，丝丝兔毫流畅洒脱。此器为宋代日用茶具。

图 3-27　建窑黑釉兔毫盏

吉州窑是宋代江南地区一座闻名遐迩的综合性民窑，它善于博采众长，其陶瓷产品具有浓郁的民族艺术特色。吉州窑生产的瓷器品种繁多，釉色丰富，造型多样。南宋开始，吉州窑在继承和发展湖南长沙窑釉下彩绘工艺的基础上，创造了一种新的白地釉下彩绘瓷品种，把中国古代传统的绘画艺术巧妙地运用到瓷器装饰上。此外，吉州窑的窑变釉色变化多端，品种多样，出现了兔毫纹、酱色釉、油滴釉、玳瑁斑、虎皮釉、鹧鸪斑等纹饰，创新了陶瓷装饰。吉州窑在烧造技术上取得了独树一帜的成就，以剪纸贴花和木叶贴花工艺最有代表性。陶瓷工匠们把民间传统的剪纸艺术创造性地用于陶瓷装饰,使吉州窑瓷器品种丰富多样、装饰风格独树一帜。

图 3-28 吉州窑黑釉剪纸贴花四系罐

吉州窑黑釉剪纸贴花四系罐(图 3-28),宋代器物,2012—2013 年国家文物局调拨。该器物高 11 厘米,口径 9.9 厘米,足径 7.8 厘米。罐唇口,阔颈,溜肩,鼓腹,浅圈足。罐外壁施黑釉,罐内及圈足素胎无釉。吉州窑的工匠运用民间剪纸的手法,把折纸花卉生动传神地展现在这件瓷罐上,黑色的地釉和黄褐色的花纹形成鲜明对比,新颖别致,极具图案装饰效果。

图 3-29 吉州窑黑釉三足炉

吉州窑黑釉三足炉(图 3-29),宋代器物,2012—2013 年国家文物局调拨。该器物高 9.3 厘米,口径 12 厘米,足径 9 厘米。炉方唇,深直腹,腹至底部微收,三足弧形,平底。胎质致密,外壁施釉至下腹,底、足与内壁露胎。宋代的香炉造型小巧精致,深受当时文人雅士的喜爱。

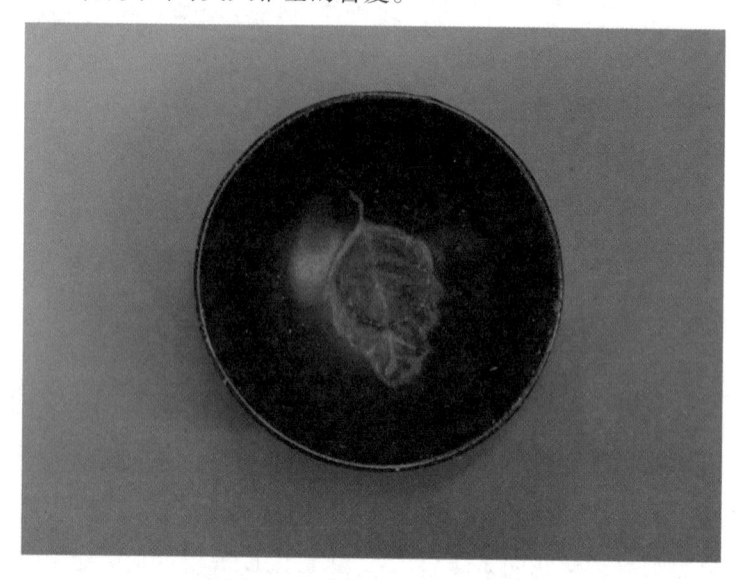

图 3-30 吉州窑黑釉木叶纹碗

吉州窑黑釉木叶纹碗(图 3-30),宋代器物,2012—2013 年国家文物局调拨。该器物高 5.2 厘米,口径 10.8 厘米,足径 4.2 厘米。碗圆唇,口微敛,弧腹,至底渐内收,圈足。全器施黑釉,仅底足无釉处露出浅黄色胎。碗心微凸。釉下贴饰一片天然树叶,茎脉分明,浑然天成。金黄的树叶嵌在漆黑的碗中,素净淡雅,加上依稀可辨的叶脉,给人以平和深邃、禅意深远的审美享受。

磁州窑是宋代以来我国北方著名的民间瓷窑之一,窑址分布范围较广。磁州窑的主要装饰材料是白色化妆土、透明釉、黑釉、黑色颜料及黄、绿、蓝等玻璃釉。白地黑绘花是磁州窑特有的装饰技法,它是在胎体上先涂一层白色化妆土打底,以铁颜料绘出纹样,再施透明釉高温烧造而成的。

磁州窑白釉褐彩腰圆枕(图 3-31),宋代器物,高 12.4 厘米,枕面为 25.6 厘米×22.2 厘米,枕底为 20 厘米×17 厘米。枕呈腰圆形,枕面前低后高,枕身施白釉。枕面以褐彩绘制折枝花草纹,纹饰简练,线条清晰。枕侧白釉素面,胎质细腻。

宋代是我国制瓷史上的一个繁荣时期。陶瓷业的发展,使宋代瓷器的产量和质量都有了空前提高。制瓷工艺的不断进步和创新,使瓷器成为价廉物美的社会性商品,不再仅限于社会上层阶级使用。宋代民窑的形成和发展、航海技术

图3-31 磁州窑白釉褐彩腰圆枕

的发达、市舶司管理方法的改进,为宋瓷的外销提供了必要的物质条件。专门生产外销瓷的瓷窑开始出现,是宋代瓷业大发展的一个标志。考古资料显示,"华光礁"沉船出水的瓷器产地绝大部分是福建一带的民窑,德化窑、建窑、松溪窑[①]等民窑占了一定的比例;另有少量的属于江西景德镇产品,出水瓷器所属年代为南宋晚期,这表明宋代外销瓷产品是以华南沿海一带的民窑瓷器为主。

图3-32 青白釉刻花瓷碟(海捞瓷)

---

① 松溪窑,唐代至元代闽北地区民间瓷窑,在今松溪境内,故名。以烧各式青釉碗、碟、壶、瓶、罐、钵为主。该窑产品釉色多呈青色、青黄色,少数为青绿色。有少量褐彩装饰,碗均为平底,底部有紫红色支烧痕,碗心有4到5个支烧痕。该窑产品纹饰丰富,器物多刻直线纹。常见的有中心刻团菊纹,内壁划花草或蝴蝶纹间篦点纹。

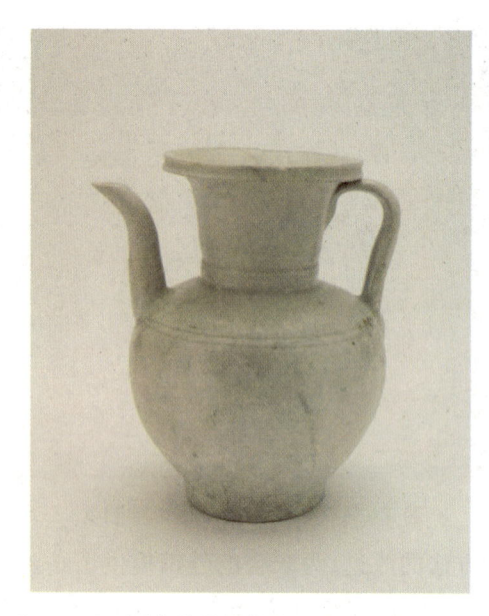

图 3-33　青白釉弦纹执壶（华光礁出水器物）

青白釉弦纹执壶（图 3-33），南宋器物，2007 年西沙华光礁 1 号出水文物。该器物高 20.5 厘米，口径 11.3 厘米，足径 8.6 厘米。壶盘口，直颈，溜肩，鼓腹，圈足，曲柄，细长流。胎体规整，釉色青白，颈、肩部有弦纹装饰，造型优美，釉色淡雅素净。

五、元代—明代瓷器

元代制瓷业取得了令人瞩目的成就，龙泉窑、钧窑①、磁州窑等窑场烧造技术不断成熟，以青花瓷器为代表，釉里红、铜红釉、钴蓝釉等新的瓷器品种开始出现。元代官府机构还在景德镇设立官窑瓷局，烧造著名的"枢府瓷"②。明

---

① 钧窑，即钧台窑，是在柴窑和鲁山花瓷的风格基础上综合而成的一种独特风格，受道家思想深刻影响，在宋徽宗时期达到高峰，其工艺技术发挥到极致。钧窑烧成温度已经达到 1350℃—1380℃，独特研制的玛瑙釉水在烧制后形成更加鲜明的层次感，十多种釉色绚丽多彩。周身还布满珍珠点、兔毫纹、鱼子纹和曲折迂回的蚯蚓走泥纹等生动美妙的流纹。传统钧瓷瑰丽多姿——玫瑰紫、海棠红、茄皮紫、鸡血红、葡萄紫、朱砂红、葱翠青……釉色红里透紫、紫里藏青、青中寓白、白里泛青，可谓纷彩争艳。

② 枢府瓷，又称卵白釉，釉呈失透状，色白微青，好似鹅卵色泽，故名。枢府瓷始烧于宋代景德镇窑。元代军事机关枢密院在景德镇订烧的卵白釉瓷，在印花花卉间印有对称的"枢府"二字款。

初,郑和下西洋,促进了中西经济文化交流,外销青花瓷器畅销亚、非、欧各国,五彩、斗彩逐渐发展和流行起来。青花瓷经过改进和创新,成为明代制瓷业发展的主流产品。

元代的瓷器艺术造型以厚重为主,形体大,胎壁厚。此外,彩色釉开始流行,青花、釉里红装饰技法也有一定程度的发展,还出现了青花与釉里红相结合陶瓷装饰风格。元代瓷器装饰纹饰也更加丰富多彩,不仅继承了传统的花鸟图案,龙纹的运用也显著增多。元代龙纹通常与海水纹及云纹相互搭配,凤纹通常与花草纹、水禽纹、鱼纹、莲纹等纹饰相互搭配,八宝纹与少数民族相关的纹饰相搭配。

明代瓷器的装饰艺术以釉下彩中的青花、釉上彩中的斗彩和五彩装饰最具代表性。明代是青花瓷艺术最为辉煌的时期,明代青花的装饰题材,包括动物纹饰、植物纹饰、人物纹饰、几何纹饰和吉祥纹饰。动物纹饰中的鱼纹和植物纹饰中的莲纹最受欢迎,含有"连年有余"的吉祥寓意。此外,明代瓷器装饰艺术还深受当时海外贸易、宗教、文人画、版画等方面的影响。

图 3 - 34　青白釉盖罐

青白釉盖罐(图 3 - 34),元代器物,2012—2013 年国家文物局调拨。该器物通高 14.5 厘米,口径 7.2 厘米,足径 5.3 厘米。器物方唇,敞口,束颈,斜肩,鼓腹微收,圈足向内斜削。罐盖为圆形,上部为方锥形,类似四角攒尖建筑。锥面刻竖条纹,四棱堆贴屋脊形装饰,盖顶贴塑卷云尖顶。胎质较细,呈灰白色。釉色青白。罐盖外部施满釉。罐身内壁施满釉,外壁施釉不及底。腹底和足露胎,罐身底部以墨书写"胜"字。

图 3-35　灰陶马车

灰陶马车（图 3-35），元代器物，2012—2013 年国家文物局调拨。该器物高 16.9 厘米，长 41.4 厘米，宽 8 厘米。马车材质为泥质灰陶，马口含衔，双耳竖立。马昂首挺立于长方形托板上，额顶分鬃，颈部长鬃下垂于两侧，背上覆盖有鞍袱，马尾粗长下垂。车身与轮分别制作，车盖平面呈长方形，顶部略呈穹隆状，前端出檐较长。车厢三面有壁，上部为仿木竖向窗棂格。车辕前头有龙首装饰。车轮周边凸起，中间有浮雕凸起的车条。中间穿圆孔，原用木轴连接。马轮廓线条流畅，有肌肉质感。车身塑造写实，骏马栩栩如生。此件器物为丹麦追索文物，具有重要的历史、艺术和科学价值，对研究元代美术史、雕刻史以及元代中原地区的社会经济状况提供了重要的实物依据。

青釉多角瓷瓶（图 3-36），元代器物，2012—2013 年国家文物局调拨。该器物高 25.9 厘米，口径 6.5 厘米，足径 10.6 厘米。罐为直口，器身为五层塔式造型，每级弧形台阶上装饰多个斜直的圆锥角。器身施青釉，器底为圈足，胫部及圈足素胎无釉，胎质较粗。唐代至五代较为流行该器型，它是由三国、两晋时期的谷仓罐造型演变而来的。因为江浙一带方言中"角"与"谷"发音接近，所以"多角"具有"多谷"的含义，多角瓷瓶造型蕴含了"五谷丰登"的吉祥寓意。

龙泉窑创烧于北宋早期，属南方青瓷系。其陶瓷产品质量精美，多以刻、划花为装饰纹样，除民用、官用外，还大量销往国外市场。南宋龙泉窑创烧出梅子青与粉青釉品种。元代至明代，龙泉窑优质的青瓷输送到东南亚及欧洲各国，深受外国消费者的喜爱。龙泉窑瓷常见的纹饰有缠枝花卉、龙凤、双鱼、云朵等，纹饰题材丰富多样。

图 3-36　青釉多角瓷瓶

图 3-37　龙泉窑双鱼洗

龙泉窑双鱼洗(图 3-37),元代器物,2007 年西沙群岛"华光礁 1 号"出水文物。器高 3.6 厘米,口径 12.2 厘米,足径 5.2 厘米。口沿外撇,浅弧腹,圈足。器底施釉,釉色粉青,釉质滋润。外壁刻有莲瓣纹。内底贴饰双鱼纹饰,双鱼首尾相对,鳞纹清晰,鱼身伸展,颇有动感。双鱼纹是龙泉窑青瓷中最常见的装饰纹饰。鱼在中国古代是吉祥如意、多子多福的美好象征物。古人喜欢用鱼纹作为各类器物的装饰题材，传达了古人对美好生活的无限向往和祝福的美好含义。龙泉窑的双鱼纹饰不仅寓意着吉祥如意、幸福美满，也从侧面展现出中华民族深厚的文化底蕴。

图 3-38　龙泉窑青釉暗花橄榄瓷瓶

龙泉窑青釉暗花橄榄瓶（图 3-38），明代器物，2012—2013 年国家文物局调拨。该器物高 14.9 厘米，口径 5 厘米，足径 5.1 厘米。瓶身为橄榄形，方唇，直口，圈足。通体施青釉，釉面温润如玉。口沿下装饰一道弦纹。颈部绘花草纹。肩部有两组双圈弦纹，两组弦纹之间有短竖条纹。腹部装饰菱格纹，下腹部装饰竖条纹。

德化窑隶属于我国通商口岸之一的泉州，德化县是中国古代三大瓷都之一，其白瓷产品被称为"中国白"。德化窑优越的地理位置有利于产品外销，外销瓷因此大量生产。德化窑瓷器品种有青白瓷、影青瓷、酱釉瓷、黑釉瓷、白釉瓷等。德化窑瓷器表现最多的是人物造像题材，以佛教、道教最多，德化瓷观音是明代德化窑瓷器的代表作品。

德化窑白釉仿犀角杯（图 3-39、图 3-40），明代器物，2008 年 3 月定安县博物馆调拨。两件器物的尺寸分别为：高 6.1 厘米，口径 10.6 厘米×7.9 厘米，足径 4.2 厘米×3.6 厘米；高 8 厘米，口径 13.7 厘米×10.9 厘米，足径 4.7 厘米×4.2 厘米。杯为菱形花口，口沿外撇，深腹，腹壁斜收，下腹呈圆筒状，平底。外壁一侧贴塑一只小鹿，形态生动，栩栩如生。小鹿上方堆贴两枝梅花，枝条苍

图 3-39　德化窑白釉仿犀角杯　　　　图 3-40　德化窑白釉仿犀角杯

劲挺拔,花朵含苞待放。梅花是明代盛行的装饰题材。杯体另一侧贴塑龙、虎纹。此杯胎质致密,通身施白釉,釉质温润、光洁、细腻。这两件馆藏犀角杯兼具观赏性和艺术性,是难得的历史艺术珍品。

图 3-41　德化窑白釉弦纹三足炉

德化窑弦纹三足炉(图 3-41),明代器物,2008 年 3 月定安县博物馆调拨。此炉口径 12.2 厘米,底径 10.6 厘米,高 9.1 厘米。此炉为奁式炉造型,唇口宽厚丰满。器身外壁饰三道凸起的弦纹,线条刚劲有力,在一、二道弦纹之间,饰有釉下印花纹饰,纹饰自然流畅。炉身下设如意形三足,底部有一圈匣钵砂痕迹。胎体致密坚硬,胎质细腻光洁。釉面纯净滋润、光润明亮。釉色白中微微闪黄,犹如凝脂,带有一种象牙质地的温润感。胎釉结合非常致密,浑然一体。此件德化窑弦纹三足炉,制作精细,素净淡雅,稳重大方,为明代德化窑的上乘之品。

图 3-42　三彩陶乐俑　　　　　　　图 3-43　三彩陶圈椅

明三彩是一种以绿釉为主、黄白等色为辅的彩陶品种,是我国传统工艺品之一。明三彩产品可以分为以下几种——琉璃砖、琉璃瓦、法花、人物俑及家庭陈设品。明三彩的艺术成就不亚于唐三彩,成色机理和唐三彩很类似,有翠绿、深绿、草绿等色。蓝釉是明三彩的上品,数量十分稀少。此外,还有白釉、绿釉等釉色,色彩纷呈,具有强烈的装饰效果和观赏效果。

图 3-44　南宋青釉瓷碗与珊瑚胶结块

西沙群岛是中国南海四大群岛之一,在古代海上丝绸之路上起着重要的枢纽作用。20 世纪 70 年代开始,水下考古队在西沙群岛的华光礁、北礁等地进行水下考古调查,并对"华光礁1号"沉船遗址、"北礁1号"和"北礁3号"沉船进行发掘。其中"北礁1号""北礁3号"沉船出水的瓷器多为青花瓷,"北礁1号"出水瓷器主要是福建德化、安溪①等地的民窑瓷;"北礁3号"出水瓷器主要是景德镇民窑青花瓷和漳州窑②青花瓷。

六、清代—民国瓷器

清代是我国封建制度的没落阶段与资本主义萌芽的发展阶段。康熙时期,政局稳定,经济繁荣,文化艺术兴盛发展,瓷器也进入了新的繁盛时期。这一时期的瓷器不但生产规模有所扩大,制瓷工艺也发展到一个新的高度。清代各地的陶瓷业相当发达,康熙时期的"郎窑③"、雍正年间的"年窑④"、乾隆时期的"唐窑⑤"等,各具韵味。清代瓷器无论是五彩、粉彩、珐琅彩还是缤纷的颜色釉都

---

① 安溪,古称清溪,位于福建省东南沿海,厦、漳、泉闽南金三角西北部,隶属泉州市。总面积3057.28平方千米,辖15个镇和9个乡,是台胞的主要祖籍地。安溪有上千年的产茶历史,是"中国乌龙茶之乡"、安溪铁观音的发源地,位居中国重点产茶县第一位,号称"中国茶都"。此外,安溪还是"中国藤铁工艺之乡"。

② 漳州窑,是中国外销瓷的重要产地之一,陶瓷文化源远流长。明清时期,漳州月港兴起,漳州窑瓷器成为重要的输出产品,其独特的文化韵味和艺术魅力蜚声海内外。曾被国内外学者称为"SWATOW(汕头器)""克拉克瓷""交趾瓷""华南三彩"的瓷器,经调查与考古发掘,被证实就产自漳州。漳州窑是对明清时期漳州地区窑址的总称,其窑址分布于平和、漳浦、南靖、云霄、诏安、华安等县,以平和南胜、五寨地区的窑址最为集中和最具代表性。

③ 郎窑,是清代康熙后期的景德镇官窑。康熙四十四年到五十一年(1705—1712),江西巡抚郎廷极在景德镇督造瓷器,故名。釉色以宝石红、宝石蓝、宝石绿为最佳。宝石红有"郎窑红"之称,在红釉中最突出,法国人称其为"牛血红"。素三彩创于此时。青花和斗彩也很有名。

④ 年窑,是清雍正年间(1723—1735)的景德镇官窑。雍正四年(1726),年希尧督理淮安板闸关,兼管景德镇御窑厂窑务,故称年窑。雍正六年(1728)后,唐英任驻厂协理官。选料极精,琢器多卵色,或莹素如银,皆兼青彩;或描摹暗花,工巧玲珑。这时新创的釉色有很多,胭脂水釉最为著名,胎骨甚薄,里釉极白,被外釉映照,呈粉红色,娇嫩欲滴。另有油绿釉,美如碧玉,俗称"碧玉釉"。粉彩成熟于此时,所绘花卉,似恽南田、邹一桂和蒋廷锡画风,艳丽逼真,生动活泼。

⑤ 唐窑,清代唐英所监督的江西景德镇御窑厂及其督造的瓷器之代称。张德山写的《唐英与"唐窑"》一文把"唐窑"分为"早期唐窑"(雍正六年至乾隆元年,即1728年至1736年)、"中期唐窑"(乾隆二年至乾隆六年,即1737年至1741年)和"晚期唐窑"(乾隆七年至乾隆二十一年,即1742年至1756年)。唐窑瓷器仅高温及低温颜色釉就达57种之多,集历代名窑釉色之大成,为乾隆时期瓷器的杰出代表。

带着一种华丽的气质,青花瓷在清代也有不同于前朝瓷器的繁缛感和富丽感。

清代是我国瓷器制造史上的鼎盛时期,其瓷器装饰艺术图案更是题材广泛,风格多样,瓷器制造业空前繁荣。清代的瓷器装饰,在继承明代瓷器装饰的基础上有了进一步的创新,人物、山水、花鸟、缠枝、吉祥图案及用文字做装饰的题材大幅增加,大多模仿著名画家的笔意装饰风格。

青花瓷是用含氧化钴的钴料在白瓷胎上绘画,罩上一层透明釉,再高温焙烧成具有蓝色花纹的釉下彩绘瓷器。青花瓷器着色力强,发色鲜艳,呈色稳定,有明净、素雅感,具有中国传统水墨画的效果。

清代青花瓷器发展突飞猛进,工匠们更好地掌握了珠明料和浙料的炼制技术,生产分工更为细致,青花呈色如翠毛般娇媚,似蓝宝石般明快。瓷绘采用分水与晕染技法,使蓝色分出浓淡深浅的色阶,富有立体层次感,渗透出中国画"墨分五色"的韵味,达到了青花艺术表现的最高水平。

青花缠枝莲纹罐(图3-45),清代器物,2012—2013年国家文物局调拨。该器物口径19厘米,底径24厘米,高50厘米。器物短颈,鼓腹,足底外撇,口沿、底部绘有蕉叶纹,罐身绘制缠枝西番莲纹饰。胎体细腻坚实,胎质致密,器型丰满端庄,釉质凝厚肥润,白中闪青,青花发色浓郁典雅,画工颇为精湛。此罐保存完好,品相优美,具有较高的历史价值和观赏价值。

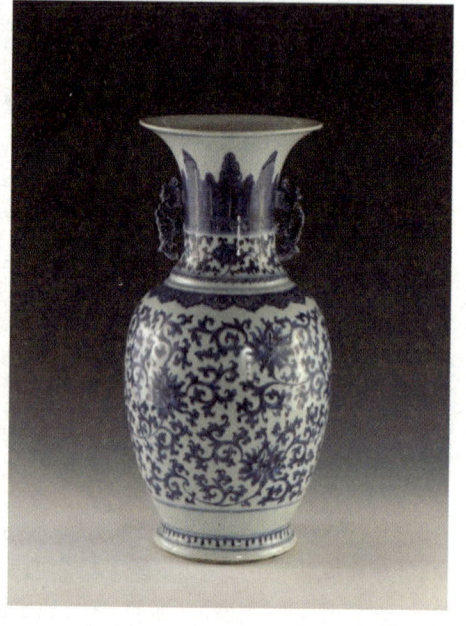

图3-45 青花缠枝莲纹罐　　图3-46 青花缠枝花卉纹双耳瓶

青花缠枝花卉纹双耳瓶(图3-46),清代器物,2008年4月琼海市博物馆调拨。该器物高48厘米,口径20.5厘米,足径16.5厘米。瓶撇口,束颈,深腹,圈足,颈部置双螭耳。器物通体饰青花图案,颈部绘蕉叶纹、回纹、缠枝莲纹和卷草纹,肩部绘如意云头纹,腹部绘主题纹饰——缠枝莲纹,近足处绘弦纹和竖条纹。器型硕大端庄,青花发色浓艳,画工精细流畅,纹饰丰富繁密。

图3-47 青花山水人物纹瓷缸

青花山水人物纹瓷缸(图3-47),清代器物,2008年4月琼海市博物馆调拨。该器物高17.5厘米,口径22.7厘米,底径12.2厘米。缸敞口,折沿,深弧腹,玉璧形底。外壁以青花绘通景山水人物纹。山峦起伏,云雾缭绕,北雁南飞,秋叶萧萧。其间隐现楼阁水榭,一江秋水。小桥上,几个高士正在欣赏美景。青花发色青翠,有层次,构图疏密有致。此器为清代民窑青花的佳作。

清代瓷器纹饰大量运用动物、植物、文字的中文谐音作为装饰题材,象征吉祥祝福之意,例如蝙蝠的"蝠"与幸福的"福"谐音,用蝙蝠的形象为符号代替幸福构成吉祥纹饰,传达祈福求吉的愿望。八宝题材的纹饰贯穿清代始终,属于吉祥图案的一种,又有"八吉祥"之称。八宝纹是我国古代传统吉祥纹饰,道教把八仙手持的八种法器作为八宝的象征符号,例如"暗八仙"纹饰。佛教中则用"八吉祥"作为八宝的象征符号。象征八宝的纹样常见的有:和合、鼓板、龙门、玉鱼、仙鹤、灵芝、磬、松。此外,也有其他纹饰象征八宝,如珠、球、祥云、方胜、犀角、杯、书、画、红叶、艾叶、蕉叶、鼎、灵芝、元宝、锭。可随意选择其中的八种样式作为物品纹饰,称为"八宝纹"。"三羊开泰"为主题的瓷器纹饰除了蕴含吉祥寓意,也在一定程度上宣扬了"君为阳,父为阳,夫为阳"的封建伦理观念。

青花鹤鹿同春花觚(图3-48)，清代器物，2008年4月琼海市博物馆调拨。该器物口径23厘米，底径16厘米，高46.2厘米。此器物口呈喇叭形，鼓腰，足底外撇，圈足。造型隽美庄重，釉面光洁莹润。其颈部绘山水、云气纹、鹤纹、鹿纹，腰间以青花变形云纹作为间隔装饰。此觚以青花山水、流云、鹤、鹿及苍松构成主题纹饰。清代青花瓷延续了前朝的绘画设计理念，鹤纹、鹿纹出现在同一器物上具有"鹤鹿同春"的吉祥寓意。此觚图案清新明快，笔法自然，场景构图繁而有序。在运用青花色料上注重浓淡相间，不仅体现了"墨分五色"色阶变化的特点，也增加了器物的视觉、艺术美感。总体设计与布局强调画与瓷的和谐统一，不仅完美运用了中国水墨山水画的传统技法，又突出了吉祥祝福的主题思想。

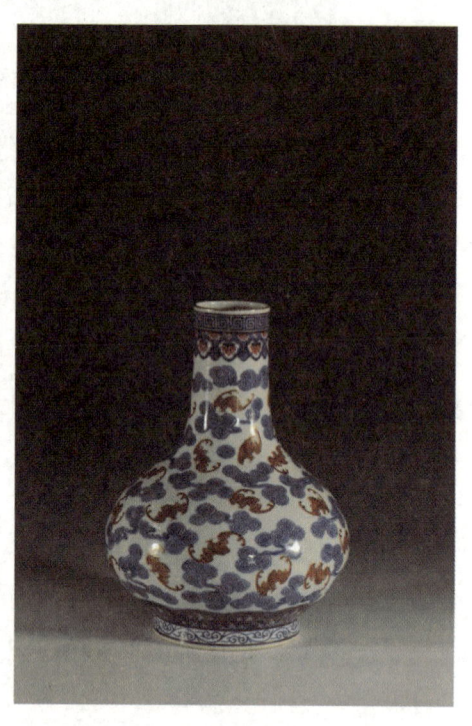

图3-48　青花鹤鹿同春花觚　　　　图3-49　青花矾红描金云蝠纹瓷瓶

青花矾红描金云蝠纹瓶(图3-49)，清代器物，2008年4月琼海市博物馆调拨。该器口径7.5厘米，底径15厘米，高33厘米。此瓶直口，直颈，溜肩，腹部圆鼓，圈足，造型新颖。颈部短于传统天球瓶的颈部，直口的造型与赏瓶又有些许区别。器物口沿绘回纹一圈，颈部上端装饰如意纹，颈腹主体绘云蝠纹。云蝠纹主题纹饰富于变化，蝙蝠形象或飞升，或俯冲，极富动感，具有"洪福齐天"的美好寓意。器物底足外壁绘卷草纹一周,精致细腻。此瓶为清光绪年间官窑瓷器。

图 3-50　德化窑青花福禄寿三足瓷炉

德化窑青花福禄寿三足炉(图 3-50),清代器物,2012—2013 年国家文物局调拨。该器物通长 27 厘米,通宽 27 厘米,通高 11 厘米。此炉圆唇,短颈,扁鼓腹,底部设三乳足。器身内壁和外壁均施釉,通体以青花勾勒装饰,颈部以青花装饰一圈竖纹,腹部以开光装饰山水风景纹饰,开光图案两旁以汉字"福""禄""寿"加以装饰,象征着吉祥祝福的美好愿望。在中国古代陶瓷装饰艺术风格中,汉字是重要的装饰手法之一,是形、声、义的完美统一。其各种变体或书法形式都有较强的表现张力,写法技巧上也千变万化。因此将吉祥文字装饰在陶瓷上,是一种很好的文化艺术表现手段。"福""禄""寿"三字是汉字中最有代表性的吉祥文字,也是中国传统吉祥图案中一种重要的纹饰题材。

青花海兽纹碗(图 3-51),清代器物,2008 年 4 月琼海市博物馆调拨。该器物高 8.5 厘米,口径 18.7 厘米,足径 7.2 厘米。碗敞口,口沿外撇,弧腹,圈足。内壁口沿下以青花绘弦纹,碗心绘海象,外壁绘海马、麒麟等瑞兽形象,瑞兽翻腾于海水中。器物外底以青花篆书"大清道光年制"三行六字款。器型规整,画面生动,青花色泽幽蓝,有浓淡之分,层次感强。

釉是附着于陶瓷器表面的玻璃质薄层,它能使陶瓷表面光洁,提高陶瓷的机械强度与绝缘性。如在釉中掺入不同的金属氧化物,在不同的温度和焰性中,釉会呈现出不同的色彩,这就形成了色彩斑斓的单色釉。清代景德镇单色釉瓷器的烧制极为发达,创烧了郎窑红、茶叶末釉、乌金釉等名贵的色釉品种。

图 3-51　青花海兽纹瓷碗

钧红釉瓷尊(图 3-52),清代器物,2008 年 4 月琼海市博物馆调拨。该器物高 38 厘米,口径 20 厘米,足径 14.5 厘米。尊撇口,颈部挺拔,腹部圆鼓,圈足外撇,肩部装饰凸弦纹,胎体坚硬厚重。通体施红色窑变釉,红色中略带紫色窑变。圈足内素胎无釉,釉层肥厚莹润,釉面流淌自然,色彩绚丽,具有强烈的玻璃质感。器型端庄典雅,古朴厚重。

图 3-52　钧红釉瓷尊　　　　　图 3-53　蓝釉双耳方瓶

蓝釉双耳方瓶(图3-53),清代器物,2008年6月陵水黎族自治县博物馆调拨。该器物高35厘米,口径13.5厘米×10.5厘米,足径15厘米×11.5厘米。瓶方口,阔颈,颈部两侧装饰双耳,折肩,腹下渐收,方形圈足。通体施霁蓝釉,釉色蓝如深海,釉质凝重洁净。器身原以描金绘博古纹,因年代久远,金彩基本已经脱落。器物胎体敦实厚重,造型古朴端庄。

红釉玉壶春瓶(图3-54),清代器物,2008年4月琼海市博物馆调拨。该器物高30厘米,口径9厘米,足径11厘米。瓶撇口,束颈,垂腹,圈足。胎质细腻,外壁通体施霁红釉,釉层肥厚滋润,釉色匀净亮丽。内壁及外底均施白釉,外底以青花篆书"大清道光年制"。后来,玉壶春瓶因造型优美而成为传统宫廷室内陈设器物。

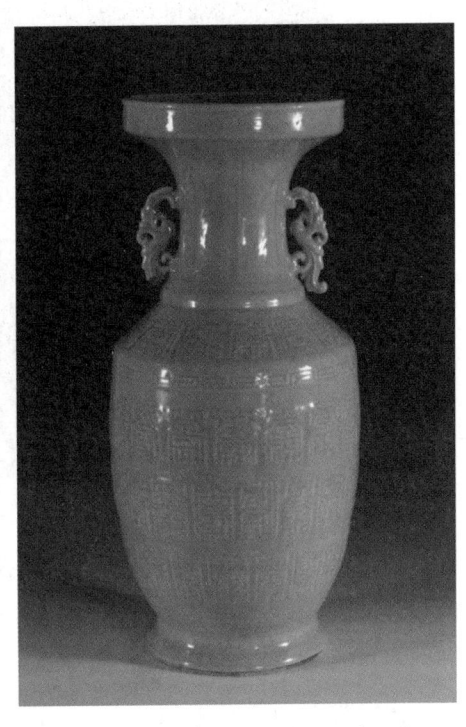

图3-54　红釉玉壶春瓶　　　　图3-55　豆青釉寿字纹双耳盘口瓶

豆青釉寿字纹双耳盘口瓶(图3-55),清代器物,2008年4月琼海市博物馆调拨。该器物高61厘米,口径24厘米,足径20厘米。瓶盘口,颈部装饰双螭龙耳。瓶身胎体厚重、坚硬、致密。通体施豆青釉,釉色莹润青翠,纯净柔和。釉下暗刻"寿"字。圈足内以青花书"大清乾隆年制"六字。造型端庄古朴,线条自然流畅。

自上古始，先人已建立起方位与颜色的对应关系，皇家祭祀活动便是这些传统观念的重要反映之一。不同种类的祭祀活动和祭祀中的不同方位须配用不同的颜色釉①瓷器，如天坛正位用青色釉瓷器，地坛正位用黄色釉瓷器，朝日坛用红色釉瓷器，夕月坛用月白色釉瓷器。中国封建社会森严的等级制度直接影响着颜色釉瓷器的生产与使用。明清官窑烧造的颜色釉瓷器不准民窑生产。在宫廷中，颜色釉瓷器的使用有着严格的等级差异。据《国朝宫史》②卷十七记载："清代皇太后、皇后用里外黄釉器，皇贵妃用黄釉白里器，贵妃用黄地绿龙器，嫔妃用蓝地黄龙器，贵人用绿地紫龙器，常在用绿地红龙器；尊卑有别，不得僭越。"

图 3-56　蓝釉描金云龙纹碗

蓝釉描金云龙纹碗（图3-56），清代器物，2008年4月琼海市博物馆调拨。该器物口径19厘米，底径8厘米，高8.5厘米。此碗撇口，弧腹，圈足。器壁内施白釉，外壁施霁蓝釉，并以描金绘制云龙纹，所绘云龙有四爪。龙身雄健壮硕，双目炯炯有神，爪牙锋利，富有动感。在四周云纹的衬托之下，云龙更具气势。民国时人刘子芬在其著作《竹园陶说》中提道："青色一种，常与蓝色相

---

① 釉料中加入不同的金属氧化物做着色剂，在一定的温度与气温中烧成，会呈现不同色泽的釉，故称为颜色釉。
② 清乾隆七年（1742），内廷大学士鄂尔泰、张廷玉等奉敕编纂，共36卷。嘉庆十一年（1806），朱格抄呈进本。卷首有乾隆七年（1742）、二十四年（1759）及二十六年（1761）有关初修、细校、重修本朝宫史的圣谕以及乾隆三十四年（1769）于敏中纂成《国朝宫史》后的进书表。

混。"霁蓝釉又名祭蓝釉、积蓝釉,创烧于明代。它是以钴为呈色剂,在高温还原焰中烧制而成的单色蓝釉。清代霁蓝釉精品存世较多,有的刻暗花纹,有的搭配描金彩,常见造型仍是宫廷祭器和陈设用瓷。此器物描金保存完好,云龙纹生动有力,栩栩如生,釉面莹厚光亮,器型规整,底书"大清乾隆年制",为清代宫廷描金云龙纹瓷器的典型器物。

图 3 - 57 黄釉盖豆

黄釉盖豆(图 3 - 57),清代器物,2008 年 4 月琼海市博物馆调拨。该器物口径 15 厘米,底径 14.5 厘米,高 25 厘米。该器物装饰宝珠钮盖,通体满施黄釉,器身雕有凸起的回纹、变形如意纹、弦纹、变形海水纹等图案,底座下方刻有"大清光绪年制"六字楷书底款。据考证,该器物为皇宫祭祀时的专用器物。因黄色的"黄"与皇帝的"皇"为谐音字,故黄釉成为清代皇室用瓷的御用釉色。

粉彩是清康熙末期出现的一种低温釉上彩。其工序是先在高温烧成的白瓷上用墨线起稿,然后在图案内填上一层可做熔剂又可做白彩的玻璃白。彩料施于玻璃白之上,再经过画、填、洗、吹、点等技法,将颜色依不同的需要晕开,经 720℃—750℃的低温烧造而成。粉彩瓷器所用彩料中掺入了粉质,每种颜色都富有层次感,粉润柔和,秀丽雅致,与被称为"硬彩"的五彩单线平涂的生硬色调相对,故又有"软彩"之称。

图 3-58 黄地粉彩开光三羊开泰盘

黄地粉彩开光三羊开泰盘(图 3-58),清代器物,2008 年 3 月定安县博物馆调拨。此盘口径 34 厘米,底径 22 厘米,高 5.5 厘米。盘内口沿饰一周回纹,以红、白、粉、绿彩勾描,内壁以黄釉为地,其上绘粉彩缠枝花卉衬托四个圆形开光。开光内绘有三只羊,寓意"三阳开泰"。盘心为黄地描金篆体"寿"字,篆法古朴,字体圆润。外壁饰三组粉彩缠枝花卉,纹饰勾描细腻,线条流畅,釉色淡雅柔和。盘底饰有红彩书的"大清光绪年制"官窑款识,庄重典雅。"三羊开泰"的瓷器纹饰蕴含着吉祥寓意,也在一定程度上宣扬了"君为阳,父为阳,夫为阳"的封建伦理观念。

粉彩云蝠纹赏瓶(图 3-59),清代器物。此瓶口径 14.5 厘米,底径 10 厘米,高 40 厘米。此瓶为雍正为了赏赐功臣,颁布谕旨命督窑官唐英"参古今之式,运以新意,备诸巧妙"所创烧。乾隆时期,赏瓶开始盛行,其造型柔美俊秀,深得清代统治者的喜爱。此瓶撇口,长颈,圆腹,圈足,撇肩部饰突棱一周,为清代晚期流行的赏瓶式样。瓶口装饰一圈如意云头纹;瓶肩装饰金彩弦纹,其间描绘祥云图案及粉彩缠枝花卉纹图案;瓶底圈足一周描绘缠枝莲花卉纹饰;瓶外壁通体以粉彩描金装饰;瓶身颈部和腹部绘制主题云蝠纹,五色云朵环绕于红色蝙蝠四周,象征着"洪福齐天"的美好寓意。

图 3-59　粉彩云蝠纹赏瓶　　　　　　图 3-60　红地粉彩博古纹瓶

红地粉彩博古纹瓶（图 3-60），清代器物，2008 年 6 月陵水黎族自治县博物馆调拨。此瓶高 32 厘米，口径 8 厘米，足径 12 厘米。瓶撇口，长颈，溜肩，鼓腹，腹下渐收，圈足外撇。颈部有一周凸弦纹。器身以红釉为地，绘粉彩博古花卉纹，寓意花开富贵。器型优美，绘画精细，红釉暗沉，釉面有冰裂纹。

茶叶末釉（图 3-61），清代器物，2008 年 3 月定安县博物馆调拨。该器物口径 7.2 厘米，底径 15 厘米，高 33 厘米。茶叶末釉是古代铁结晶釉的重要品种之一，属高温黄釉，经高温还原焰烧制而成。釉面呈失透状，釉面黄绿掺杂，古朴清丽，颇似茶叶细末，俗称"茶叶末釉"。它起源于唐代的黑釉，是釉中铁、镁与硅酸化合而成的结晶产物。馆藏的此件清代茶叶末釉瓶，瓶身直口，长颈溜肩，鼓腹圈足，比例协调，姿态匀称。通身施茶叶末釉，釉面滋润，釉色苍古。器型规整，浑厚庄重，做工精细，配上"大清光绪年制"的底款，彰显出端庄古朴的历史文化底蕴。

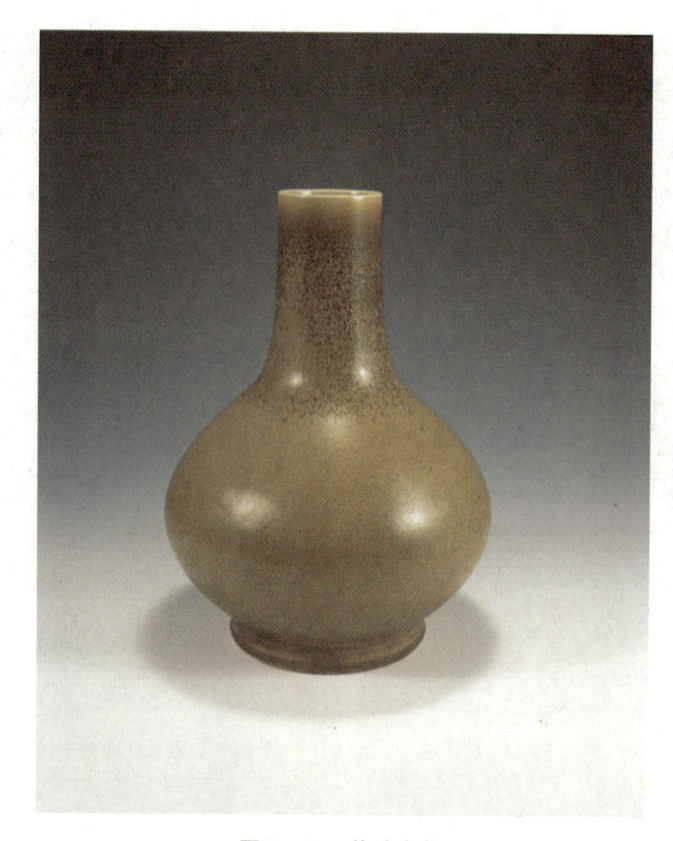

图 3-61　茶叶末釉

图 3-62　民国白釉花口绿花瓷碟

图 3-63　民国粉彩花卉纹瓷碟

民国时期是我国陶瓷生产发展史上最为低潮的时期。我国陶瓷业在历史上的宋、元、明、清各代,都有复苏、发展、全盛至衰落的过程。但到了民国时期,陶瓷业就一直低迷不振,瓷器生产已呈全面衰退之势。袁世凯为了效仿清王朝,在江西景德镇建立了御窑厂,派郭葆昌①监督窑务,在一定程度上保持了传统官窑瓷器的精美细腻。总体上看,民国时期制瓷工艺较为低劣,精美程度不及工艺衰落时期的晚清瓷器。民国时期流行仿古瓷器,以青花、五彩、粉彩为主流。青花瓷器胎骨大多较粗,瓷釉与胎骨结合不够紧密。釉面上有气泡且有脱釉现象,青花瓷釉色晕暗发蓝,俗称"洋蓝"。"洋蓝"是光绪末年出现的,是当时市面上民窑青花瓷器使用较多的釉彩,但青花绘画精细的作品渐少,草率的作品逐渐增多。有些青花瓷产品釉色虽青翠、艳丽,但漂浮感极强,制作工艺较为粗糙。光绪末年出现了有别于粉彩的一种釉彩,此种釉彩不含粉质,具有彩料薄、玻璃质釉的特征,被称为"水彩"。民国时期的五彩瓷,色彩艳丽,常出现大红大绿的瓷器品种,常见的有粉彩和仿造的珐琅彩瓷器。

1910 年,江西瓷业公司筹措资金,成立中国陶业学校,以培养陶瓷专业人

---

① 郭葆昌(1867—1942),字世五,号觯斋,河北定兴县城内三街人,著名古瓷学家。曾任袁世凯的"陶务总监督",对瓷器之道尤为擅长。1915 年至 1916 年间,他烧制了 4 万余件"洪宪御瓷",以备袁世凯登基之用,并作为馈赠给参加大典的各国公使的礼品。这些御瓷极为精美,并不亚于历代皇家"官窑"瓷。

才。此外，山东、河北、江苏、四川、福建、广东等地的窑厂在民国时期继续烧造瓷器，瓷版画开始兴起，各地涌现出一批浅绛彩①陶瓷工艺大师。20世纪20年代以后，粉彩逐渐取代浅绛彩成为瓷版画的主流，出现了以王琦②为首的景德镇"珠山八友③"，他们绘制了一批深受国内各阶层人士喜爱的瓷版画精品。

民国时期的瓷器造型失去了清代以前浑厚朴素的风格，器型较为笨拙，在一定程度上受到了国外陶瓷工业化产品的影响。这个时期的瓷器品种包括陈设品、生活用品、仿古瓷器。常见的仿古瓷器有仿三国、两晋、南北朝时期的青瓷，仿隋唐和五代时期的白瓷，仿宋元时期官、汝、钧、哥、定五大名窑的瓷器。仿明、清和民国前期的瓷器，制作工艺较为粗糙。

图3-64 民国花釉蟹形四足瓷

陶瓷作为中华文明的象征物，体现着千百年来中国古代哲学、宗教、艺术、科学、文学各个领域的内涵。陶瓷是一种载体，凝结着中华文明的璀璨结晶，承

---

① 浅绛彩，是清末景德镇具有创新意义的釉上彩新品种。从同治、光绪到民国初约50年间，陶瓷工匠将中国书画艺术的"三绝"——诗、书、画，在瓷器上进行表现，使瓷画与传统中国画结合，创造出瓷画的全新面貌。浅绛彩瓷中的"浅绛"，特指晚清至民国初流行的一种以浓淡相间的黑胎釉上彩料在瓷胎上绘出花纹，再染以淡赭、水绿、草绿、淡蓝及紫色等，经低温（650℃—700℃）烧成的一种特有的低温彩釉。

② 王琦（1884—1937），是"珠山八友"的领军人物。他在汪晓棠和潘陶宇等人的影响下，先与王大凡等人发起和组织"景德镇陶瓷研究社"，后又于1928年与王大凡等人组成艺术团体——"月圆会"，借此抒发胸志，以瓷会友。他是"珠山八友"之首。

③ 珠山八友，是御窑厂停烧后流落到民间的粉彩和瓷版画的部分高手。这里的"八友"分别是王琦、王大凡、汪野亭、邓碧珊、毕伯涛、何许人、程意亭、刘雨岑。

载着古代先民们对艺术、审美的无限追求。中国陶瓷的发明和发展,促进了世界文明的发展进程,是中华文明史上最灿烂辉煌的一部分。

第二节 杂 项 类

"杂项",是综合性博物馆及古玩收藏行业用于对文物分类的一个项目。在民间传统古玩范畴里,除陶瓷外,可供上手把玩的工艺藏品,包括青铜器、玉器、家具、绣品等,都可称为"杂件"项目。在国内一些综合类博物馆藏品分类中,青铜器、玉器、瓷器、书画之外的器物,通常被称为"杂项"。至于杂项究竟包含哪些门类的器物,文博行业及学术界没有明确一致的说法,基本都根据各大博物馆具体的藏品情况而定。笔者根据海南省博物馆建馆以来馆藏藏品的朝代、类别、式样、用途、规模等各种因素,将我馆近些年征集及收藏到的除陶瓷类、民族民俗类、非遗类的文物藏品,如金属类、竹木牙角类、染织刺绣类、钱币类、日用杂器类、家具类、紫砂类、玉雕类、革命题材类等文物及藏品统一划分到"杂项"类,再结合我馆文物藏品展陈及保管情况,将"杂项"类再划分为沉香香具类、金石木质类、古画紫砂类三大类别。

笔者从各类杂项器物的历史造型、装饰纹样、使用用途、鉴赏价值进行综合研究,以揭示各类文物及藏品的历史价值及文物挖掘背后蕴含的社会意识形态等内容。

一、沉香香具类

沉香作为一种珍贵的香料、中药及工艺品原料,具有熏香、辟秽、驱虫、医疗、养生多种功能。海南沉香有着"崖香""琼脂"的美誉,其历史悠久,收藏及药用价值颇高。海南沉香主要分为三个等级——沉香、笺香、黄熟香。其中主要品类分为板头类(也称为顶、新顶、老顶、铁顶)、虫漏(分地上虫漏、地下虫漏)、树心油、包香(全包、半包)、吊口、黄油格(也称为水格)等类别。

吊口(图3-65),当代沉香,馆藏藏品,长44.9厘米,宽27.8厘米,高43.8厘米。吊口,又称为梳齿吊口、峭壁,是吊在树身或树枝上的创口呈斜侧面的沉香。其香品质较高,香气干净纯洁。梳齿部位因为在树心内结香,有树心油的韵味。熏香料有吊口,黄油格也有吊口。吊口可以是厚薄不等的熏香料,也可以结出黄油格。吊口又分为上吊口、中吊口、下吊口。上吊口指的是树身创口形成时,由上而下朝香树下刀而形成的创面。从上部往下看,创面是从树皮往树心倾斜的一个斜侧面。中吊口,指的是上、下吊口连接处的一截与树纤维生长方向平行的面。下吊口指的是创口形成时,由下而上朝香树下刀,创面是从近树心处往表皮倾斜的一个斜侧面。

图3-65 吊口(沉香标本)　　图3-66 整体排油(沉香标本)

整体排油(图3-66),当代沉香,馆藏藏品,直径29.4厘米,高88.8厘米。排油是指香树树皮下,树干的表层长时间所形成的形如竹壳状、片状的沉香,有整体排油与普通排油之分。其香味纯净醇厚、自然清甜。

老板头(图3-67),当代沉香,馆藏藏品,长40.5厘米,宽6.7厘米,高22.6厘米。板头是沉香中的一类,通常是指将整棵沉香树锯断后,整个断面开始结香后所形成的平面片状的沉香。因为香树大小与截取的断面大小不一,板头的尺寸也存在着一定的差异。板头分为老板头、新板头、普通板头三类。板头的油脂很黑,根据其油脂硬度的不同,又可以分为老头、铁头等。

图3-67 老板头(沉香标本)

板头吊丝(图3-68),当代沉香,馆藏藏品,长43.9厘米,宽19.9厘米,厚6.7厘米。吊丝成香方式类似于吊口,是指白木香树身被砍伤之后,长年累月经风雨的侵蚀,伤口腐烂处形成丝状的沉香,尺寸、大小不一。吊丝主要有板头吊丝(板头与吊丝结香方式的结合)与人工吊丝两种。

图3-68 板头吊丝(沉香标本)

老顶头(图3-69),当代沉香,馆藏藏品,长44.9厘米,宽28.9厘米,厚16.8厘米。香树枝干部分因长时间暴露在外,历经阳光直射、强风折断、雨水浸润,枝干断面处汁液涌出,凝结成脂,人工处理掉表层的朽木,其脂液覆盖形成的一层沉香薄片即为顶头。

图 3-69　老顶头（沉香标本）

图 3-70　虫漏（海南沉香）　　　　图 3-71　树心油（海南沉香）

虫漏（图3-70），当代沉香，馆藏藏品，长8.6厘米，宽4.8厘米，高15厘米。虫漏又称为"蚁漏""虫洞"，是指沉香树被虫蚁咬伤之后，树身分泌出的油脂包裹住被咬伤的部分形成的沉香。通常以虫眼为伤口，虫子在沉香树导管咬出一条虫道，沉香油脂以虫道为中心形成一个螺旋状的香体。而人工虫漏并非由虫子咬出虫眼,而是由钢条打出虫洞,固其虫眼较大。人工虫漏香体因为结香时间较短,且油脂较少,香味远不如野生虫漏浓郁。

香具作为沉香等香料的伴生物品,是使用香料和香品时重要的器皿。"品香需有方,有方必有器。"自古以来,各类香具与沉香等香料搭配使用。两汉时期,香熏炉开始出现,其中以博山炉为代表。唐代熏香盛行,熏笼是当时流行的香具。历经宋、元、明、清,香道文化发展演变出一套完整的体系,有着严格的香道器具之分,各类香具包括割香器、香炉、香盒、香盘、香筷、香棒、香筒、香席、香插、香铲、香匙、羽尘等品类。

自南北朝开始,佛教中有一种修持为"行香",即手捧香炉围着佛像绕行三圈、七圈或更多,因香炉既可由人固定放置使用,也可以手持行走使用,故称为行炉。长柄形香炉流行于北朝至宋代,是佛教寺院的供养器具之一,为配合敬香礼佛等肃穆的场合,在礼佛之时需手握香炉以表尊敬。它的传统造型基本由炉身、炉座、炉柄三部分组成,以榫卯连接,并加上装饰构件。长柄形香炉的名称不同的历史时期有所不同,早期被称为"鹊尾炉",唐代时称为"行炉",这是以炉柄形制来区分的。"香炉有柄可执者曰鹊尾炉。"鹊尾炉是长柄形香炉中使用最早、延续时间最长的一种,目前已知关于鹊尾炉的最早记载见于南朝王琰[①]《冥祥记》中的"费崇先少信佛法,常以鹊尾香炉置膝间"[②],释道世[③]《法苑珠林》中的"香炉有柄者曰鹊尾炉"[④]。由此可见,鹊尾炉的使用与礼佛相关联。

佛教素有"花开见佛性"之说,这里的花即指莲花,莲花在佛教中代表着智慧的至高境界。自东汉佛教传入中国以后,莲花与佛教结下了深厚的渊源,成为象征佛教精髓的圣花。同时,中国儒家文化主张"达者兼善天下",封建士大夫为官也强调清正廉明、刚正不阿,莲花的"莲"与清廉的"廉"同音,象征着"出淤泥而不染""超世脱俗"的高尚品格。同时,莲花图案在精神上对官员也有一

---

① 王琰,《冥祥记》的作者,南齐太原(今属山西)人。东晋时期,他曾在政坛活跃,在齐任太子舍人,入梁为吴兴令,笃信佛法,曾与范缜针锋相对。

② [唐]徐坚《初学记》卷二十五器物部,清光绪孔氏三十三万卷堂本。

③ 释道世,字玄恽,俗姓韩氏,京兆长安人。因避唐太宗(世民)之讳,以字行,十二岁时于青龙寺出家,精通律宗,参与玄奘翻经行道,后奉诏入西明寺辅道宣讲经书,道名大振。讲经之余,博览经藏,著述甚丰,有《大小乘禅门观》十卷、《大乘观》一卷、《四分律讨要》五卷、《四分律尼钞》五卷、《金刚经注》三卷等,最著名的为《法苑珠林》。

④ [唐]释道世著,周叔迦、苏晋仁校注:《法苑珠林校注》,中华书局,2003年版。

定的警醒作用。馆藏的唐代铜荷花纹行炉(图3-72),口径8.9厘米,底径7.8厘米,长33.3厘米,柄宽1.8厘米。器物材质为铜质,炉身装饰莲花纹饰。莲花造型的香炉不仅被广泛运用于佛教文化与宗教祭祀活动中,其蕴含的宁静、清雅、高洁的禅意也为古代文人雅士们所欣赏。

图 3-72　唐代铜荷花纹行炉

图 3-73　唐代带托盘铜香盒

唐代香炉多搭配香宝子或香盒使用,敦煌壁画中,大量的佛供图、说法图中主佛的前面都会有一尊香炉在中间,香宝子置于两边,形成三具足的固定组合。① 香宝子或香盒(图3-73)为装香料的器具,行炉在使用中也会与之搭配。

---

① 田梓榆:《十四世纪前中国古代香具典型器研究》,中国美术学院,博士学位论文,2018年,第114页。

法门寺出土的素面银柄香炉(手炉)上便刻有"手炉一枚并香宝子"①的铭文。

明人陆容在《菽园杂记》卷二云:"金猊,其形似狮,性好火烟,故立于香炉盖上。"②其中的金猊指的是中国古代传说中的瑞兽——狻猊,狻猊本是狮子的别名,传说中龙生九子之一,形如狮子,喜烟好坐。佛主见它有耐心,便收在胯下当了坐骑,所以狻猊的形象一般出现在香薰炉上,随之吞烟吐雾。因佛祖释迦牟尼有"无畏的狮子"之喻,古人便顺理成章地将狻猊安排成佛的坐骑,将其雕刻在香炉上让其享用香火。馆藏的明代铜鎏金狮钮双耳三足薰炉(图3-74),高20厘米,耳径17.2厘米,腹径9.9厘米。器物通体鎏金装饰。器身由四个部分组成,上部为炉盖。顶端堆塑狮子滚绣球素钮,盖身四周以缠枝花卉纹镂空雕刻装饰,盖底一周装饰回形纹。颈部为六边形开光装饰草叶花卉纹。腹部为炉身,炉身六边圆腹开光装饰梅花、灵芝、寿字纹图案。炉腹两侧置一双朝天耳,耳部装饰花卉纹。炉底为三兽足造型,装饰风格独特。此炉是明代香薰炉中的精品。

图3-74 明代铜鎏金狮钮双耳三足薰炉

---

① 陕西省考古研究院、法门寺博物馆、宝鸡市文物局、扶风县博物馆:《法门寺考古发掘报告(上)》,文物出版社,2007年版,第188页。"文思院造银白成手炉一枚并香宝子,共重十二两五钱。"

② [明]陆容:《菽园杂记》,转引自《明清笔记丛书》,上海古籍出版社,2007年版。

"凤凰"一词来源于《尚书·益稷》①："箫韶九成,凤凰来仪。""凤凰"是传说的神鸟,雄曰凤,雌曰凰。"有鸟焉,其状如鸡……名曰凤凰,是鸟也,饮食自然,自歌自舞,见则天下安宁。"②凤凰最早作为一种图腾,传达了人们吉祥美好的祝愿。2003 年 5 月初,山东省文物考古研究所在山东省临沂市考古发掘出两座晋代大型墓葬,出土两座晋代凤炉,造型优美,充满汉代遗风。③ 馆藏的清代铜凤凰香薰(图 3-75),高 36.6 厘米,底径 13.5 厘米,宽 25 厘米;盖长 11.7 厘米,宽 7.9 厘米。香薰主题为凤凰形象,凤凰立于器座之上,华冠锦羽,昂首引颈,振翅挺胸,尾翅飘逸。器座和器身有镂孔设计,凤体背部可打开放置香料,所燃之香料可沿器身镂孔处袅袅而上,构思十分巧妙,造型仿生独特,尽显装饰华丽之美。

图 3-75 清代铜凤凰香薰

水晶是日常生活中常用的一种装饰品,它是一种无色透明的石英结晶体,和沙子的主要化学成分相同,都是二氧化硅。水晶在古代被称作"水精",是精灵的精,因为它晶莹剔透,唐代诗歌中常常把它比作冰、水、露珠甚至月光。从

---

①《尚书·益稷》记录了舜和禹、皋陶相互讨论、告诫的场面,禹告诫舜不要傲虐,不要荒淫,舜则告诫众臣不要"面从",自己有错一定要指出;又记录了讨论之后奏乐和舞蹈的盛况,以及舜与皋陶吟诗唱和的情景。益和稷都是舜的大臣,篇首禹提到了益和稷的功劳,故以"益稷"名篇。

② [晋]郭璞:《山海经·南山纪》,中国书店,2013 年版。

③ 陈方圆:《中国古代动物形香炉的设计研究》,江南大学,硕士学位论文,2016 年,第 26 页。

文献记载来看,水晶最早产自西域,唐朝时才传入我国,成为贡品。

香盒,古籍通常写作"香合",是专门用来盛放香料的小容器,也称香笃、香函、香箱等。古代文人讲究雅趣,在书房读书写字、弹琴抚筝、品茗弈棋之时,总喜欢焚一炉香,既可以增添风雅意趣,又可以净化室内空气。因为焚香所用多为香丸、香饼、天然香木等,香品易于挥发,香气易于走散,所以文人们就增添了香盒这一类香具。馆藏的清代菊瓣纹水晶香盒(图3-76),直径6.8厘米,高2.5厘米,子母口,平底。香盒材质为水晶,造型呈菊瓣式,精巧别致。

图3-76 清代菊瓣纹水晶香盒

图3-77 清代童子牧牛铜香薰

银烧蓝又称银胎珐琅,是以银为胎,用银花丝在胎上掐出花纹,再用透明、半透明的珐琅釉料填于银胎花纹上,经过500℃—600℃的低温多次烧制而成的。银胎珐琅工艺多用来制作盒、罐、瓶或是小型摆件,同时也可以根据需要镶以玛瑙、松石等做装饰。银作为贵金属,比较贵重,且具有坚固性,而珐琅釉料晶莹、光滑,极具装饰性,同时也具有耐磨性和耐腐蚀性。馆藏的清代银烧蓝桃形香盒(图3-78),长4.5厘米,宽4厘米,高2.2厘米。此件香盒为纯银錾刻而成,整体造型为寿桃形,以桃蒂为轴心向两侧旋转推开,中空。盒盖身上烧蓝制蝙蝠博古、花卉枝蔓,凸出其身,制作精美。侧面錾刻缠枝花卉纹,底部光滑,钤印葫芦形款"足纹"二字。

图3-78 清代银烧蓝桃形香盒

香筒又名香插,为我国古代常见的用于净化室内空气的陈设日用品,也是寺庙、道观常用的祭祀用具之一。其造型类似于筷笼,使用方法是将香料放入筒内,使香气从筒壁、筒盖的气孔中溢出,芳香四溢。古代香筒的做工装饰颇为讲究,通常以各式吉祥纹样来装饰,表达古人对神明祖先的虔诚敬意。香筒的材质多样,以黄杨木、紫檀、竹子最为常见。制作工艺一般非常精美,切雕工艺多为镂空。较为常见的纹饰图案有竹溪六逸、竹林七贤、商山四皓、惠山五老等题材。馆藏的清代竹雕人物香筒(图3-79),高11.7厘米,直径2.5厘米。器型为圆筒式,香筒满雕风景人物纹饰,纹饰的层次、位置、穿插、向背繁而不乱,刻划的纹饰生动细腻,匠艺高深。筒身雕镂多至六重,与阴刻相配合,刀法圆熟,磨工精细,不露刀痕,此香筒具有明末清初竹刻的典型风格。

图 3-79　清代竹雕人物香筒

二、金石木质类

金属类文物因其种类丰富,造型精美,花纹繁复,制造工艺复杂、高超而蕴含着很高的历史价值、艺术价值及科学价值,是文化遗产中的瑰宝之一。石质文物是指历史遗留的以天然石材为原料,经过人类加工改造过的具有历史、艺术、科学价值的遗物和遗迹。[①] 石质文物在各类文物中占有较大的比例,从新石器时代的岩画和石质生产工具、石器,到历代的石窟造像、经幢石塔、石牌坊、石桥、石碑、石雕、石砖、石刻和各类石质古建筑,[②]都属于石质文物的范畴。木质文物一般泛指古代遗存下来的木、竹制品,大至古代战船、佛像、棺椁,小至木牍、竹简及各种工艺品。我国各式古建筑以木结构为主,形式丰富,其木制构件也被视作木质文物。木质文物具有丰富的历史性和艺术性,充分反映了我国古代劳动人民的聪明才智,代表着不同时期的社会意识形态,为历史研究提供了

[①] 张金风:《石质文物病害机理研究》,《文物保护与考古科学》,2008 年第 2 期,第 60—67 页。

[②] 何海平、张亦弛:《石质文物材质及分类概述》,《首都博物馆论丛》,2011 年第 8 期。

可靠的历史文献资料。

青铜剑是我国古代战争中经常使用的一种兵器,其主要成分是铜和锡,含锡量高的青铜硬度高,含锡量低的青铜硬度低。工匠们将硬度低的青铜铸成剑脊,在两刃部位嵌合上硬度大的青铜作为剑刃。青铜复合剑的出现,在很大程度上是为了满足剑的实战性能,剑的硬度如果太低就很难保证锋利度和杀伤力;硬度如果太高就会很脆,容易折断。青铜复合剑刚柔相济,将两者的优势结合在一起,很好地解决了这个问题。

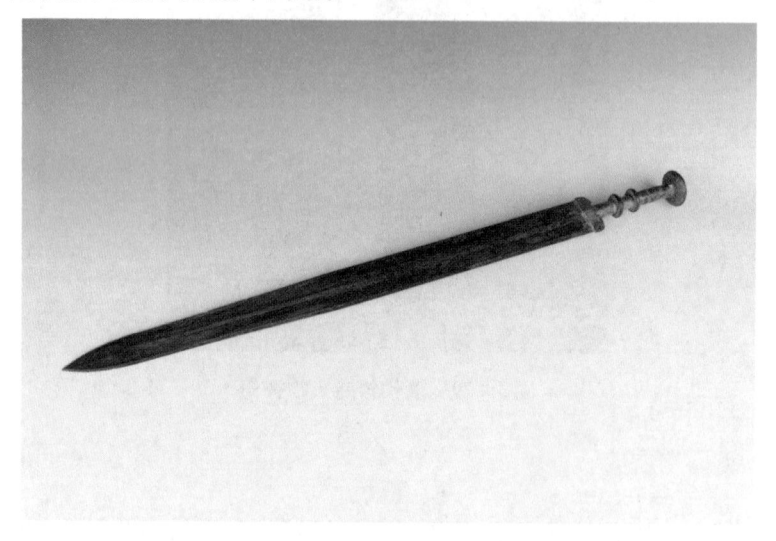

图 3-80 战国"越王亓北古"错金铭文青铜复合剑

中国古代青铜剑不仅是用于防身和战争的兵器,也是身份和地位的象征。尤其是在春秋和战国时期,佩剑之风盛行,铸造技术达到历史巅峰。关于青铜剑铸造的最早记载来自古文献《史记·黄帝本纪》:"帝采首山之铜铸剑,以天文古字铭之。"可见在上古的黄帝时期就已经开始铸造铜剑了。[①] 考古发现传世的越王剑有 20 余把,其中有越王勾践剑、越王者旨於赐剑、越王亓北古剑、越王州勾剑。这些越王剑,在铸造工艺、形制或错金铭文上均有所不同,即使同一个王的剑在铸造、加工、铭文诸方面也不雷同。馆藏的战国"越王亓北古"错金铭文青铜复合剑(图 3-80),通长 65.2 厘米,剑格宽 5 厘米。此剑为复合剑,剑圆茎上有平行箍两圈,上有错金纹饰。刃一侧微残。剑格正、背面皆有错金鸟虫书铭文,正面有一行 10 字铭文,左、右两边各有 5 字对称分布,为"戉(越)王亓

[①] 徐跃:《群雄争霸,铸剑技艺炉火纯青》,《内蒙古日报》,2021 年 2 月 9 日第 006 版。

北古"。背面 10 字在左、右两边对称分布,为"自乍(作)元用之"。圆形剑首环列错金鸟虫书铭文 12 字——"台戉(越)王亓北自乍(作)元之用之釒(剑)"。

图 3-81 东汉北流型四蛙铜鼓

馆藏的一件东汉北流型四蛙铜鼓(图 3-81),通高 30.5 厘米,直径 54 厘米。铜鼓体形厚重硕大,鼓面伸出鼓颈外,面沿下折成"垂檐"。鼓面边缘铸有四蛙,蛙形小而朴实,两两相对。鼓面三弦分九晕,中心太阳纹凸如圆饼状,细长的八芒穿透第一道晕圈。鼓身呈反弧形。六只圆茎环耳分两组对称附于凹槽水平线位置,一组为单耳相对,另一组为双耳相对。鼓足外撇,足径与面径大小相当。出土时,鼓面保存较完好,鼓身有破孔,鼓足已经残缺。经文物考古专家鉴定,该铜鼓属东汉北流型铜鼓,是当时的祭祀礼器,距今已有 1700 多年历史。

黄金是财富的象征,具奢华之色、不朽之质,是非常重要的贵金属。黄金有极好的贮藏优势,古代遇到战乱,人们便把黄金隐藏起来,形成社会性的窖藏现象。南宋人洪迈[①]撰写的《夷坚志》[②]记载金人攻陷州城后,叶德辛母亲取出多年积蓄的黄金五十两,令子携黄金逃命。窖藏的金银终年不用,时过境迁,被他

[①] 洪迈(1123—1202),南宋饶州鄱阳(今江西省鄱阳县)人,字景庐,号容斋,又号野处。洪皓第三子,南宋著名文学家。官至翰林院学士、资政大夫、端明殿学士、宰执,封魏郡开国公、光禄大夫。卒年八十,谥"文敏"。主要作品有《容斋随笔》《夷坚志》。

[②]《夷坚志》,是洪迈创作的文言志怪集。书名出自《列子·汤问》:"大禹行而见之,伯益知而名之,夷坚闻而志之。"可见洪迈以夷坚自谓,将其书比作《山海经》。

人偶然挖掘,此事在史书中多有记载。南宋黄金的用途不少,但它基本不直接参与商业交易,鲜有实例记载,人们需要把黄金兑换成铜钱才能实施交易。史料记载,宋代一两白银约等于2400个铜钱,一两黄金等于24000个铜钱,正所谓"腰缠万贯不敌黄金一两"。而25两重的属于大型金铤,十分少见,是难得的宋代经济贸易繁荣的历史见证物。南宋时期,众多的金银、交引①铺和大量的金铤(图3-82)、金牌开始在各地出现,彰显了南宋经济的繁荣和国家的富庶。

图3-82　南宋金铤

图3-83　明代铜锭

---

① 交引,是宋代官府准许商人在京师或边郡缴纳金银、钱帛、粮草,按值至指定场所领取现金或某些商货运销的凭证。

1997年5月,海南省琼海市潭门镇渔民在西沙群岛北礁深海作业时,从触礁沉船中打捞出一批铜锭(图3-83)(同批打捞出海的还有大批明永乐通宝断代铜钱,历代古钱、铜器和陶瓷品等)。该批铜锭中最有价值的是"官锭"和"日本锭"。"官锭"是我国传统铜锭,面有"泉场铜拾斤官"阳文(合6.2公斤),为明代国库库存的有价值的金属货币,目前收集到8块。"日本锭"为明王朝与日本进行商务贸易的历史见证物,有27块。这批铜锭的发现,填补了中国只有金锭、银锭而无铜锭和只有文字记载而无实物证据的空白,对我们研究明代铸钱工艺,郑和七下西洋与诸国进行"海上丝绸之路"贸易,对外友好交往的历史概况具有重要的意义。

图3-84 日本江户时代的判金

判金是日本江户时代(1603—1868)通用金币的一种,其造型呈薄圆形。日本战国时代(1467—1615)尤其是安土桃山时期(1573—1603)虽铸造判金,但判金并未流通。馆藏的日本江户时代小判金(图3-84)是日本江户时代通用金币的一种,呈薄圆形,是当时的标准金币,一枚为一两。丰臣秀吉统一日本后,德川家康从他那里得到了以江户为中心的关东地区作为领地。在丰臣秀吉的许可下,领地内可使用小判金。德川家康请求当时制作大判金的后藤将其子迁来江户为其制作小判金,后藤却派来了二头桥本前来制作小判金,并赐予他后藤的姓氏,二头桥本因此改名为后藤光次。在德川时代,后藤光次以制作小判金为业,后藤本家则专门制作大判金。经过江户时代,小判金的数量急剧增加,与大判金分庭抗礼。丰臣秀吉储备了大量的黄金,数量之多从修建京都方众寺大佛和支付丰臣、德川氏的战争费用就足以看出。

图 3-85　清代铜鎏金弥勒佛像

弥勒,佛教菩萨名,汉传佛教依梵语(Maitreya)音译为弥勒、弥帝隶、梅咀利耶等,意译为慈氏。弥勒佛(菩萨)后来成为大乘佛教八大菩萨之一,汉传佛教经典中又常被称为阿逸多菩萨。弥勒造像历史悠久,可以追溯到印度犍陀罗国[1]时期,当时多为贵族公子之相貌,挺拔英俊。佛教传入中国后至五代及宋代时,衍生出了大肚弥勒的形象。据传,大肚弥勒佛像的形象来源于一个名叫契此的和尚。据《宋高僧传》[2]载,契此是五代明州(今宁波)人,号长汀子。他体态肥胖,大腹便便,常常游方化缘,锡杖上挂着布袋,故称为"布袋和尚"。宋崇宁三年(1104),岳林寺住持昙振为他建阁塑像,从此大肚弥勒佛的形象流传开来,成为中国大乘佛教的佛像之一。而在大乘佛教里,弥勒佛是释迦牟尼的大弟子。他有两种身份,即现在为菩萨,未来将接替释迦牟尼的佛位,为未来佛。馆藏的清代铜鎏金弥勒佛像(图 3-85),底座长 26 厘米,宽 16 厘米,高 20 厘米。佛像为铜质,全身鎏金,髡首。头部相对较大。修耳垂肩,满面笑容,笑口

---

[1] 犍陀罗国,是公元前 6 世纪已经存在的南亚次大陆国家,为列国时代十六大国之一。犍陀罗国的核心区域包括今巴基斯坦东北部和阿富汗东部,其地处兴都库什山脉,人口多居于喀布尔河、斯瓦特河、印度河等河流冲击形成的山谷地区。这里不仅是印度大陆文明发源地之一,而且因为地处欧亚大陆连接点上,也在世界文明发展史上有着重要作用。

[2] [宋]释赞宁等人撰写。全书主要取材于部分大宋高僧的传记,介绍了各个大宋高僧的高僧表、智慧学说、绚丽多彩的人生、年轻时的经历、自身的学识、为保留佛教文化所做的贡献和创作的书籍。

大张。身披袈裟,袒胸露腹。一手握着一只口袋,一手持一串佛珠。雕铸精美,形象生动。这件清代弥勒佛像对我们研究古代弥勒造像题材具有重要的参考价值。

自古以来,南海都是海上丝绸之路上重要的交通枢纽。海上丝绸之路,是古代中国与外国进行商品贸易和文化交往的海上通道,也称"海上陶瓷之路"和"海上香料之路"。海上丝绸之路萌芽于商周,发展于春秋战国,形成于秦汉,兴于唐宋,转变于明清,是已知的最为古老的海上航线,主要分为东海航线和南海航线两条线路,其中主要以南海航线为中心。南海航线从中国经中南半岛,穿过印度洋,进入红海,抵达东非和欧洲,途经100多个国家和地区,成为中国与外国贸易往来和文化交流的海上大通道,并推动了沿线各国的共同发展。

图3-86 "朱庐执刲"官印

"朱庐执刲"官印(图3-86),汉代文物,高1.9厘米,边长2.4厘米,1984年5月出土于海南乐东黎族自治县志仲镇潭培村。官印通体为银质,印钮是一条兽首小蛇,印文为阴刻篆文"朱庐执刲",其篆法流畅,为西汉前期至中期的典型风格。印钮鱼身弯曲,中部拱起为穿,头部呈兽形,略昂起,月形双耳,周身刻鳞纹,尾鳍回摆,形态生动,憨态可掬。朱庐,在汉代属合浦郡,位于今海南省琼山区东南部;执刲,楚国爵名,汉初沿用以封功臣。该件银印的发掘,为我们研究西汉爵制、印制及朱庐县的始置提供了重要的史实依据。

图 3 - 87　清代银制缉捕帆船

馆藏的清代银制缉捕帆船(图 3 - 87),高 41 厘米、宽 43 厘米。该器物是以清代广式帆船为原型制作的银质"缉捕巡船"模型。自西周开始,我国在不同历史时期都设立海关事权的边境监督管理机构,承担着监管、征税、缉私三项主要职能。1684 年,清政府解除海禁政策,开海贸易,先后在福建、广东、江苏、浙江设立了闽、粤、江、浙四海关。"海关"作为国家进出境监督管理机构名称首次出现并一直沿用至今。清代前期,各海关均设有巡哨船队,负责"稽查偷漏,而不征税",功能类似近代的缉私艇。该件藏品取材于清政府查缉走私、维持港口水道和海上丝绸之路外销贸易秩序的船只。船身以锤揲、錾刻等技法精制而成,通体银质,附原木座,船尾有"缉捕巡船"四字。甲板上设有火炮,两侧护板上置戟①、矛,悬挂兽面纹藤编盾牌。兵士们各司其职,好似随时保持警惕以迎敌犯,器物真实还原了一艘航行在广袤海域上的清代海上缉捕巡船形象。

家谱,又称族谱、宗谱,是一种以表谱形式记载一个家族的世系繁衍及重要人物事迹的资料。它是一种特殊的文献,就其内容而言,它是中国古代历史上具有平民特色的文献,是记载同宗共祖的血缘集团世系人物和事迹等情况的历史图籍,对历史学、民俗学、人口学、社会学和经济学的深入研究具有重要意义。

---

① 戟,古代兵器,在长柄的一端装有青铜或铁制成的枪尖,旁边附有月牙形锋刃。

图 3 – 88　明代海氏族谱木刻版

　　馆藏的明代海氏族谱木刻版（图 3 – 88），共有 8 件，长 17 厘米至 26.8 厘米，宽 21.5 厘米至 22.3 厘米，厚 2.3 厘米。该件木刻版是研究明朝官员海瑞及海氏家族的重要历史资料，原有 176 块，现仅存 8 块。该件木刻版反映了明代族谱刊刻的概况。海氏家族在各个历史时期都曾对其族谱进行重修或续修。这 8 件海氏族谱木刻版，为我们研究海瑞的族源、籍贯、祖居、迁徙路线等提供了丰富的文献参考资料，具有重要的历史研究价值。

　　"犀牛望月"出自道家著作《关尹子·五鉴》："譬如犀牛望月。月形入角，特因识生，始有月形，而彼真月，初不在角。"犀牛的角是弯曲的，且长在眼睛前部，因视线受到角的影响，其看到的月亮也是弯的，比喻见到的事物不全面。民间流传更广泛的寓意为翘首企盼幸福生活。相传犀牛本是天上的神牛，奉玉帝御旨，下界传达"一日一餐三打扮"，它却传达为"一日三餐一打扮"，玉帝便让其下凡到人间造福。犀牛为了尽快解决人间疾苦，让百姓生活富裕、安康，每当月圆之日便回到天庭请求玉帝派财神爷光临人间，助它一臂之力。从它上天庭那日起，人间便有了"犀牛镇家灵，望月回天庭，殷诚月儿圆，财神来光临"的顺口溜。犀牛的形象在我国古代也象征着吉祥。馆藏的清代犀牛望月铜镜架（图 3 – 89），高 13 厘米，宽 18.2 厘米。镜架为铜制，整体呈犀牛望月状，犀牛呈自然回首跪卧姿势，犀牛背上祥云凸起，托起一个用来搁靠铜镜的弯月形部件，祥云和弯月之间有空槽。只要将铜镜插入空槽之中，铜镜便稳稳地靠在弯月形的部件上。此镜架铸造精良，造型生动可爱，保存状态完好，具有重要的研究价值和观赏价值。

图 3-89　清代犀牛望月铜镜架

图 3-90　清晚期海南黄花梨食盒

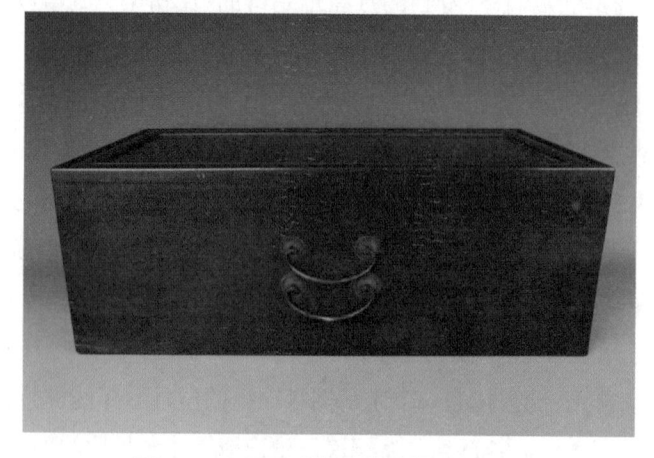

图 3-91　民国时期海南黄花梨书画箱

黄花梨又称为"降香黄檀",是重要的药用植物、香料和优质木材。海南岛得天独厚的气候条件,为黄花梨提供了绝佳的生长环境。海南人民就地取材,将黄花梨木材用于建造居所、家具,制作生产工具、生活器皿等,从而形成独具特色的"琼作花梨"。变化莫测的纹路是黄花梨的主要特征,其木纹理多呈现顺纹、旋涡纹或者水波纹,甚至山水纹。此外,纹理交错的活节处常常有变化多端的奇妙纹理,也俗称"留疤",例如鬼脸、鬼眼、婴儿脸、狮子头、蝴蝶纹、外星人。[1] 海南黄花梨花纹美丽,色泽柔和,有香味,容易进行深颜色和浅颜色的调配,可呈现出浅黄、深黄、深褐色,具有加工性能良好,软硬轻重适中,不易变形等特点,是制作家具和生活陈设品的优良木质材料。

图 3-92 "木中皇后——海南黄花梨陈列"陈列的黄花梨家具陈设

在传统家具布局中,厅堂最为讲究家具陈设,通常供案、方桌、方几配椅连几,是传统厅堂家具基本搭配陈设(如图 3-92)。其布局以厅中轴线为基准,板壁前放置供案,两端搭配高花几一对,供案前置一张四仙桌或者八仙桌,左右两边搭配扶手椅或者太师椅。家具整体采用成组成套的对称方式摆放,体现庄重、高贵的气派。

---

[1] 明启翔:《海南黄花梨的材质美学和配饰设计研究》,鲁东大学,硕士学位论文,2017。

图 3-93　清代海南黄花梨福寿纹靠背椅　　图 3-94　清代黄花梨香炉

馆藏的一件清代海南黄花梨福寿纹靠背椅（图 3-93），长 53.5 厘米，宽 40.5 厘米，高 99 厘米。该靠背椅由海南黄花梨制作而成，如意状搭脑，靠背整版透雕蝙蝠、寿桃、如意、瑞兽、云朵等吉祥纹饰，突出"福寿"主题，寓意吉祥如意。座面独板面心，牙条一木连做，牙条边下沿装饰花卉纹饰，方材直腿，装四面平管脚枨，雕工精细。

图 3-95　清中期黄花梨笔筒　　图 3-96　清代黄花梨笔筒

馆藏的两件清代黄花梨笔筒（图 3-95、图 3-96），尺寸分别为直径 13.6

厘米,高14.5厘米;口径13.4厘米,底径13.2厘米。两件器物平口,直筒形,平底。材质为黄花梨,呈深棕黄色,质地细密。器表光素无纹,不做任何雕饰,突出其木质纹理的自然美感,有如行云流水,变幻多姿。其形制端庄大气,打磨细腻光润,古朴简洁,素雅静穆,实为清代文房之佳品。

图3-97 东汉龙纹画像砖

图3-98 东汉人物纹画像砖

画像砖是指用来装饰古代建筑和古代墓室墙壁、地面的纹饰砖,一般采用模印、彩绘、刻划、雕刻等技法制作而成,体现了古代朴素的雕刻和绘画艺术以及当时社会的文化习俗与宗教信仰,是中华民族宝贵的文化遗产。汉代是中国历史上文化、思想的大发展时期,其浓厚的文化底蕴对当时社会的文化艺术有着深刻的影响。汉代统治者提倡"罢黜百家,独尊儒术",主张"忠孝""仁义"思想,厚葬之风盛行。画像砖作为汉代丧葬文化的附属物,通过各类纹饰题材来展现汉代社会生活、意识形态、宗教信仰等方方面面,是汉代文化积极进取、蓬勃向上精神的艺术体现。

汉代是中国古代文化艺术的大发展时期,封建礼教思想形成,"孝"文化思想盛行,佛教、道教宣扬的生死轮回、灵魂不灭的观念深入人心。为了让逝者死后灵魂有所归属,继续生前的享乐生活,大量的随葬器物伴随着逝者下葬,装饰墓室的画像砖也被赋予了更深层的意义。当时的工匠们在画像砖上模印、雕刻描绘生活场景、神话传说、历史故事等题材的纹样,希望逝者死后可以延续生前的享乐生活。这是古人美好的世俗愿望和乐观的精神境界的集中展现。

汉代画像砖的制作工艺是采用印模压印的手法,以阳线刻、阴线刻、浮雕、凹面刻四类雕刻技法制作而成的。阳线刻的印模面线条凹入,印模压印在画像砖上后,画面线条凸出。阴线刻的印模和阳线刻雕刻方式相反,印模面线条凸出,压印在画像砖上的画面线条凹入。阴线刻的画像砖线条流畅,纹饰生动,多用来表现祥瑞神兽等动物纹饰。浮雕的画面线条凸出于砖体平面,一般根据画像砖画面凸起的高低分为平面浅浮雕、浅浮雕、高浮雕三类。根据考古发掘资料记载,河南、四川、山东、浙江等地出土了大量以阳线刻、阴线刻、浮雕、凹面刻四类雕刻技法制作而成的空心画像砖。这些画像砖纹饰题材丰富,画面布局生动别致,具有刚劲细腻的艺术美感。

图 3-99　东汉车马出行图画像砖

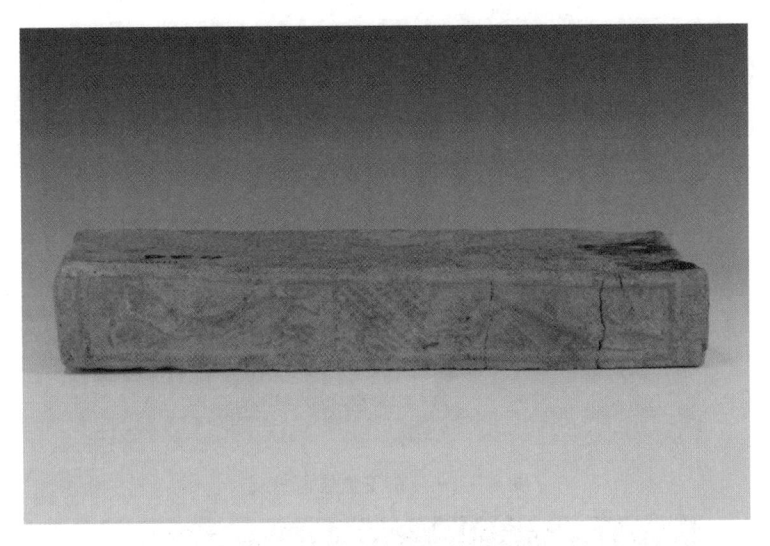

图3-100　东汉龙虎画像砖

汉代画像砖纹饰题材内容丰富，通过典型的场景及人物故事情节来描绘汉代的社会生活以及民俗风情，为我们研究汉代文化提供了丰富的历史素材。根据学术界的相关研究结果，汉代画像砖的题材大概可以分为五类——社会生活、历史故事、神鬼祥瑞、花纹图案、建筑树木。社会生活题材有反映农耕生活的播种、畜牧、捕鱼、采桑、收割、酿酒等生产活动，也有反映娱乐生活的乐舞百戏、宴会、驯兽、车马出行（图3-99）等场面，还有龙纹（图3-97）、虎纹（图3-100）、鱼纹（图3-101）、鸟纹（3-103）、龟纹、蝉纹等各类动物纹饰。这些纹饰反映了汉代社会生活百态，具有丰富的历史研究价值。历史故事题材来自汉代以前各朝代的历史事件和典故，例如伯乐相马、孔子问老子、荆轲刺秦、楚子问鼎、二桃杀三士等题材。神鬼祥瑞题材源自汉代社会流行的神话传说和迷信思想，例如女娲伏羲、后羿射日、嫦娥奔月、朱雀玄武、青龙白虎（图3-104）、仙人六博等题材，反映出古人对"神仙世界"及美好生活的向往，富有浪漫主义情怀。花纹图案在汉代画像砖上经常出现，包括波浪纹、云雷纹、乳钉纹、菱形纹、兽面纹、人形纹、卷草纹等纹饰类型，花纹图案通常不作为汉代画像砖的主要题材，而是穿插在主题形象周边，起着装饰砖面的作用。建筑树木题材包括庭院、重楼、楼阙（图3-102）、桥廊、门阙、树木等题材，再现了汉代古朴的社会风貌。

图 3-101　东汉鱼纹画像砖

图 3-102　东汉楼阙画像砖

图 3-103　东汉鸟纹画像砖

图 3-104 东汉青龙画像砖

宋代砖雕大多依据画范进行平面浅浮雕,以画范为模在砖坯上压出人物形象粗胎,然后在人物轮廓上进行剔刻。其构图特点与宋代绘画相近,人物形象生动写实,流畅精美。最值得称道的是半雕半画相结合的砖雕作品。从各地出土的宋代墓葬砖雕来看,戏剧人物砖雕纹饰题材居多,具有很高的艺术、文化价值。馆藏的一件宋代灰陶浮雕人物纹砖(图 3-105),高 6.1 厘米,重 3.48 千克。此砖为灰陶,接近正方形,胎质较细,胎色青灰。一面浮雕男性人物,身着宋代服饰,幞头朝天,圆领,衣袖缠于手臂。人物表情愉悦,形态欢乐,载歌载舞。人物后浮雕背光装饰,雕工精细,生动流畅。

图 3-105 宋代灰陶浮雕人物纹砖

三、古画紫砂类

古画也称为古代绘画，是中华文明的重要组成部分。从上古时期到清代，从史前岩画、战国帛画、汉唐壁画到宋、元、明、清的纸绢画，中国绘画历史可谓源远流长、延绵不断。古代国画在世界美术领域中自成体系，按其题材和表现对象大致可分为人物画、山水画、花鸟画、界画①、花卉、瓜果、翎毛、走兽、虫鱼等画科。按表现方法，国画有工笔、写意、勾勒②、设色、水墨等技法形式，设色又可分为金碧、大小青绿、没骨③、泼彩、淡彩、浅绛等几种，主要运用线条和墨色的变化，以勾、皴④、点、染、浓、淡、干、湿、阴、阳、向、背、虚、实、疏、密和留白等表现手法，来描绘物象和经营位置，取景布局视野宽广，不拘泥于焦点透视。按表现形式，国画有壁画、屏幛、卷轴、册页、扇面等画幅形式，辅以传统的装裱工艺装潢之。按其使用材料和表现方法，国画又可细分为水墨画、重彩、浅绛、工笔、写意、白描等。国画的画幅形式较为多样，横向展开的有长卷（又称手卷）、横批，纵向展开的有条幅、中堂，盈尺大小的有册页、斗方，画在扇面上面的有折扇、团扇等。

明代和清代在总结、模仿古人的基础上对书画艺术做了大量的花样翻新，使得明清艺术和明清诗文一样花团锦簇，流派纷呈，一派繁荣。明清时期的绘画，特别是山水画和水墨写意花鸟画，有很大的发展：在揭示自然物象的美，通过山水花鸟画艺术以寄情寓性，以及在笔墨的状物抒情的追求创造上，都取得了很大的成就；绘画中的木版插图和木版年画也蓬勃发展。

馆藏的明代松鹤图（图3-106），纵向长150厘米，横向长70厘米。该件作品绘法娴熟精练，作者在处理画面时大都运用写实手法，指画既要有笔画的基础，又要体现指头的特点，在技法上难度更大，在羽毛的局部刻画上很有特色，并施以薄薄的白粉，渲染了羽毛轻柔的质感。作者以细腻的指法变化，把白鹤

---

① 界画，中国绘画中很有特色的一个门类，因在作画时需使用界尺引线，故名。
② 勾勒，国画的一种技法。用笔顺势为勾，逆势为勒；也有以单笔为勾，复笔为勒的。一般不分笔势顺、逆或单、复，凡以线条勾画物象轮廓，都统称勾勒。
③ 没骨，中国画传统花卉（花鸟）画的一种画法。直接用颜色或墨色绘成花叶，而没有"笔骨"——即用墨线勾勒的轮廓。
④ 皴，中国画的一种技法。多以淡墨和干墨用侧锋和中锋来表现山、石、树、身的脉络纹理和明暗向背。

优雅的举止、顾盼生情的神态也表现出来了。"松鹤延年"是中国画的传统题材,有富贵长寿之意,带有祥瑞的喜庆色彩。古松延年益寿的特性,使其成为古人对长寿、长生美好祝愿的象征,画面以几簇松枝点缀,野菊花相映生辉,层次效果鲜明。斑驳纹理富有生气、简单活泼,表现性和抒情性较强,使白鹤更显爽健、高雅,形神兼备。其画法继承南宋院体①风格,笔法细腻,富于变化。该画作风格精工富丽,无作者款、印,右下押角处钤"项子京家珍藏"(朱文)、"黄居桂章"(朱文)等鉴藏印,作者不详。其技法和风格与明代的吕纪、边景昭等人的绘画如出一辙,极有可能是明代宫廷画师所绘。

图3-106 明代《松鹤图》　　图3-107 清代杨长意《鲤鱼图轴》

---

① 院体,中国画的一种。一般指宋代翰林图画院及其后宫廷画家比较工致的绘画,亦指南宋画院作品,或泛指非宫廷画家而效法南宋画院风格之作。这类作品为迎合帝王、宫廷需要,多以花鸟山水、宫廷生活及宗教内容为题材,作画讲究法度,重视形神兼备,风格华丽细腻。

馆藏的清代杨长意《鲤鱼图轴》(图 3-107),纵向长 155 厘米,横向长 85 厘米。画中以一鲤鱼为主体,描绘群鱼追逐戏水的情景;藻荇漂浮,慈菇丛生,群鱼活泼自如地游嬉其间,生机盎然。鱼鳞清晰可见,游鱼可数。画面以线描晕染,每条鱼形神兼备,栩栩如生。画作用笔工细,色彩绚丽典雅。杨长意的《鲤鱼图轴》先以线造型,用细而淡的线条勾勒轮廓,然后再随类赋彩,根据鱼身部位的不同,填以相应的颜色,勾勒与渲染浑然一体。汤垕①在《画鉴》中提道:"五代袁义、宋徐白,善画鱼,及观其迹,不讨刀几间物耳,使人徒起羹脍之兴。"自古以来,鱼的形象为世人所喜爱,除了因为它具有实用价值,还因为它是一种美好的文化象征。全幅以一条巨大的鲤鱼为中心,鲤鱼在水中自由游动,寓意"如鱼得水",寓意生活和谐美满、幸福、自在。同时鱼是"余"的谐音字,也象征着富贵,寓意年年有余、丰衣足食。此图呈现出一派生机盎然的景象,和宋代刘寀的《落花游鱼图》有异曲同工之妙。

清代的画坛由文人画占主导地位,山水画和水墨写意画法盛行,更多画家追求笔墨情趣,在艺术形式上翻新出奇,并涌现出诸多不同风格的流派。清初朱耷②、石涛③的山水花鸟画,中期的"扬州八怪",清末的任颐④、吴昌硕⑤的仕女花鸟画及杨柳青、桃花坞等民间年画均对后人有很大的影响。

馆藏的清代方炳南所绘的《墨梅图》(图 3-108),纵向长 155 厘米,横向长 85 厘米。作者方炳南(1841—1911),又名绍廉,自号种菊轩主,1841 年生,梁平

---

① 汤垕,字君载,号采真子,山阳(今江苏淮安)人,元代书画鉴赏家,天历元年(1328)在京师与鉴archive博士柯九思论画,遂著《画鉴》。

② 朱耷(1626—约1705),原名朱统,字刃庵,号八大山人、雪个、个山、人屋、道朗等,江西南昌人,明末清初画家,中国画一代宗师。

③ 石涛(1642—1708),明末清初著名画家,原名朱若极,明靖江王朱亨嘉之子,广西桂林人,与弘仁、髡残、朱耷合称"明末四僧"。

④ 任颐(1840—1895),即任伯年,初名润,字次远,号小楼,后改名为颐,字伯年,别号山阴道上行者、寿道士等,以字行,浙江山阴航坞山(今杭州市萧山区瓜沥镇)人,清末著名画家。

⑤ 吴昌硕(1844—1927),初名俊,又名俊卿,字昌硕。别号多,常见者有仓硕、老苍、老缶、苦铁、大聋、缶道人、石尊者等,浙江省孝丰县(今湖州市安吉县)人,晚清民国时期著名国画家、书法家、篆刻家,"后海派"代表,杭州西泠印社首任社长,与厉良玉、赵之谦并称"新浙派"的三位代表人物,与任伯年、蒲华、虚谷合称为"清末海派四大家"。

图 3-108　清代方炳南《墨梅图》

人,晚清著名画家。他善画花卉,笔意蓬勃,生动有意趣,深得朱熊[1]笔法。晚年被周善培[2]聘为教授,生徒颇众,名噪一时。画面主题为一棵梅树,画面题款为"细嚼幽香清肺腑,诗人风味几人知。炳南",钤印"高梁炳南方绍廉书画印"(白文)、"东涂西抹"(朱文)。梅树主枝盘虬,枝条纷披,或扶摇直上,或斜刺而

---

[1] 朱熊(1801—1864),清朝人,字吉甫,号梦泉,又号蝶生,秀水(今浙江省嘉兴市)人。他善于画花木竹石,至沪地后,倾慕小自己两岁的张熊,遂以师礼敬之。其花卉画上承陈淳、恽寿平和华嵒,属小写意一系,又吸收海上画家笔致柔婉、色彩淡洁的长处,自成秀雅清丽的风格。

[2] 周善培,字致祥,号孝怀,浙江诸暨人,随父宦游来川,遂定居。1899 年东渡日本,考察学校、警校、实业等,居四月后返川。1901 年,他奉命带学生 20 名赴日本留学,并聘日本教习来成都开设私立东文学堂。

出,用笔遒劲,顿挫得宜,表现出梅树苍劲有力的气势。梅花分布疏密有致,或含苞待放,或盛开,呈怒放烂漫之态,遒枝、繁花生动地表现了梅树苍劲、清幽的韵势。

图3-109 清代唐寅款《坡公柳阴间行图》

馆藏的清代南宋鲁宗贵款《芦雁图》(图3-110),轴长177.6厘米,宽95.3厘米。该幅作品为绢本,是清代佚名画家仿南宋鲁宗贵款而作。画面主旨为空中一雁展翅俯视,应声欲落,飞降池塘。扇动的翅膀引得水面波纹荡漾,芦草摇曳。河塘中,芦苇左右丛生,或斜或伏,芦叶垂垂,芦花朵朵,水中丛芦点染,彩禽隐娱,远际水天相浸,弥漫无崖。地上三雁群集,一只聚而卧眠,一只水边停歇倪食,一只驻足引颈向天,雁儿生动,形态逼真。石上蛟木斜倚,轧枝栖鹊,苍古之中蕴含生气,颇具自然写生之趣。据史料记载,鲁宗贵为13世纪南宋钱塘(今浙江杭州)人,生卒年不详,室名筠斋,南宋理宗绍定时(1228—1233)为画院待诏,常出入杨驸马家。他善画花竹、鸟兽、窠石,用笔工细,描染极佳,饶有意趣。① 其传世作品有《夏卉骈芳图》册页,现藏故宫博物院。

图 3-110 清代南宋鲁宗贵款《芦雁图》　　图 3-111 清代何仁山《引福归堂图》

馆藏的清代何仁山《引福归堂图》(图 3-111),轴纵向长 110 厘米,横向长 54 厘米。该画取材于八仙中的人物铁拐李引蝠归堂的神话故事。画中铁拐李披发眦须,狞目斜视,袒胸露臂,腰系葫芦,一身丐装。在"尘世凡夫眼界,看为饿殍身家"的外表下,却是孤傲脱俗的道骨仙风。天边一只蝙蝠翩翩飞舞归来。该作笔法苍劲,墨色烘染,风格粗豪、雄奇。题款为"引福归堂图。□酉仲夏日画于横琴轩,岭□□史何仁山",未钤印章。作者何仁山,画史无考。

---

① 周海宽:《清巨幅南宋鲁宗贵款芦雁图及其修复》,《收藏家》,2009 年第 8 期,第 33 页。

图 3-112　清代钱载《四季花卉图卷》局部

　　馆藏的一幅清代钱载的《四季花卉图卷》(图 3-112)，纵向长 30.4 厘米，横向长 708 厘米。该画卷作者钱载(1708—1793)，字坤一，号箨石、匏尊，晚号万松居士、百福老人等，秀水(今浙江嘉兴)人。乾隆十七年(1752)中进士，官至礼部侍郎。其学问渊博，品行修洁。工诗，善写生，从学于陈书，曾得蒋博指点，笔法益进。晚年致仕鬻画，著有《箨石斋诗集》。画卷绘有桃花、绣球花、玉兰花、兰花、杜鹃花、荷花、水仙、茶花、梅花等四季花卉，计 13 种。他打破时空的局限，把不同季节的花卉绘于一幅画作之中，花卉以白描勾勒，笔法纵逸；枝叶则为墨染，为勾花点叶法，兼有写意、工笔之能。该画作物象清新雅逸，布局高低穿插错落，神韵生动，为钱载晚年水墨花卉画的代表作。题款为"右花八种。长夏饮心斋参议同年寓堂所写。今日又蒙召饮，则参议已承恩擢太仆寺少卿矣，又今续写。君之官日以达，余以之画日以耻，用识岁月冀他时之取观尔。己丑(1769)嘉平之五日，秀水钱载"，钤印"坤一书画"(白文)；又题"是日又得五种"，钤印"万松居士"(白文)；也有其他题款和钤印，但部分字迹不清。

　　明清时期的画家们都颇注意追求笔墨风格和画面的效果，而且表现出自己独有的艺术风格。艺术风格是画家用绘画艺术形式概括生活、表达思想情感的创造性活动的产物，它体现着与作者的生活理想相联系的审美理想；它展现了与作者个人意识形态相联系的审美意向，如高雅、古拙、质朴、天真、洒脱等创作风格。

　　水陆画是水陆法会上供奉的宗教人物画，起源于三国时期的河北省。水陆法会是自金代至元、明、清时期盛行的佛教寺院为超度亡灵、普济水陆一切鬼神而举行的一种重要佛事，是"三教合一"大背景下产生与发展的民俗文化现象。水陆画题材主要取自儒、释、道三大教，人物造型优美，画面色彩丰富和谐。水陆

图 3-113　民国时期恭迎佛祖水陆画

画色彩以赭红配绿色调,装饰效果非常强烈,尤以神佛菩萨画像的画法最为精湛。① 根据不同的艺术形式,水陆画可分为卷轴画、壁画、雕塑等,如青海省西来寺的水陆画就是卷轴形式的,而河北石家庄毗卢寺的水陆画都是壁画形式的。② 根据神灵身份、品级的不同,又有上堂、下堂之分。卷轴画在法会时期悬挂,悬挂时要按神灵身份、品级的不同分别挂于上堂或下堂,装裱的画轴镶边多分上堂与下堂,分黄绫与红绫。当时的水陆画很珍贵,只有在法会上才能悬挂,并按神灵或其阶层展示,法会结束后收藏保管起来,平时不能轻易悬挂,也不能单幅悬挂。现存的古代水陆画为研究我国佛教、道教、儒教以及中国古代服饰的发展历程提供了丰富的史实资料。

---

① 蔡元平:《明清水陆画的时代风格及收藏价值》,环球网,2020-07-03。
② 刘忠国:《浅析中国的水陆画艺术》,现代装饰(理论版),2011 年第 9 期,第 91-92 页。

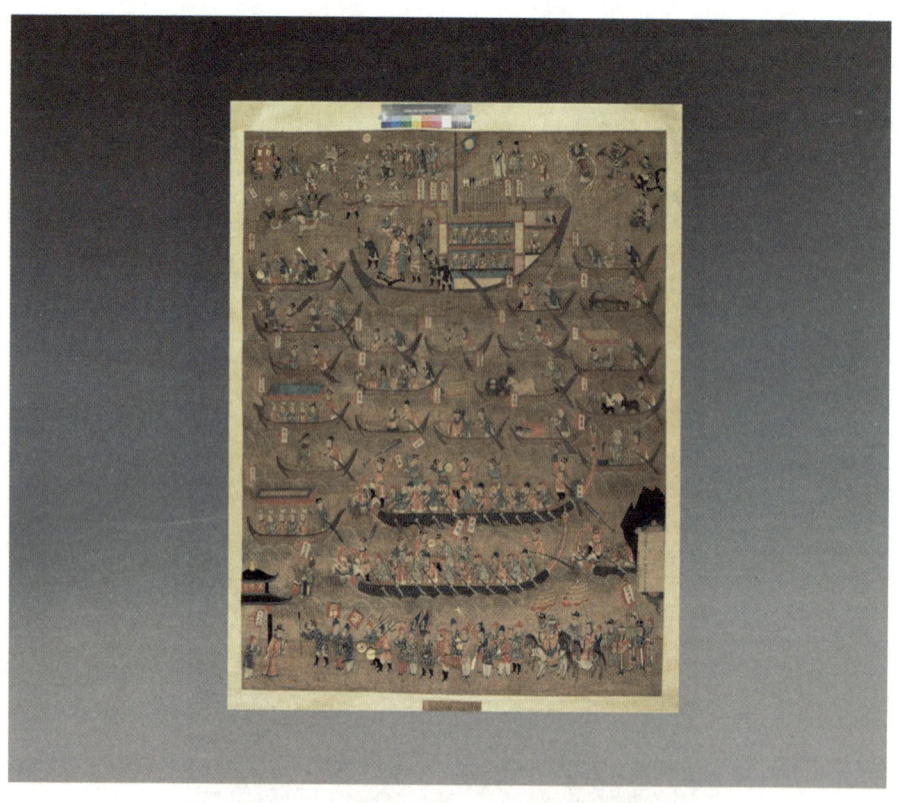

图 3-114　清代赖尚元《龙舟大神宝像图》

馆藏的《龙舟大神宝像图》(图 3-114),纵向长 178 厘米,横向长 167 厘米,为清乾隆时期民间画师赖尚元所绘。画面分为天界、龙舟竞渡、人间迎送三个层次。上部天界绘制了都天圣驾、月、帅、日、日游、夜游、忠烈康灵王、二十四气、七十二候、十一年王、十二月将等场面共 20 个人物。下部人间绘制了本坊拜送和状元迎接两个场面共 29 个人物。中间为这幅画的主体部分——端午龙舟竞渡,包括招滩引水、开江斩缆、三郎、竞渡、传奏、护送、春季行化、夏季行化、秋季行化、冬季行化、五瘟、狮象进贡、水府、行化仙娘、五谷、屈原相公、赏设、六畜、统兵、集福、粮灾、拱毒、游江五娘、雨顺、风调、出山及龙王迎接等场面共 132 个人物。[①] 此幅水陆画描绘的是道教内容,画中反映了清朝江西省吉安府泰和县端午节和中元节的风俗,是研究中国古代道教发展情况的重要参考资料。

[①] 高文杰:《〈龙舟大神宝像图〉考》,《东南文化》,2010 年第 3 期,第 114-116 页。

图 3-115　沈洪汝《宫灯壶》

紫砂是中国传统陶瓷文化中的重要组成部分,也是中国茶文化的精华所在,承载了千百年以来中国文人雅士的文学素养和艺术思想,是一种集文化、艺术、功能于一体的工艺品。全国各地紫砂壶制品以宜兴紫砂最为出彩,宜兴紫砂壶创烧于明代,一直延续至今,五百年来不断有精品佳作问世。当地丰富的陶土资源和成熟的制壶工艺,为紫砂壶的制作创造了优越的条件。自古以来,紫砂壶之所以受到世人的喜爱,一方面是因为用紫砂壶泡的茶水不走味、不易馊、不变色,另一方面是因为紫砂壶具有精湛的艺术造型和精美的结构式样,吸收了中国传统文化艺术的优点,透露着典雅、端庄、古朴之美。我国紫砂壶享誉海内外,宜兴紫砂陶制作技艺更是被列入第一批国家级非物质文化遗产名录。

图 3-116　刘华《汉铎壶》

图 3-117　杨惠《仿古壶》

　　宜兴紫砂壶的主要原料成分是紫砂泥,紫砂泥主要分为紫泥、红泥、绿泥三类。紫泥可塑性好,收缩性小,是制作紫砂壶最主要的原料;红泥含铁量高,质地细腻,但耐火力低,不适合制作紫砂大件;绿泥呈青灰色,耐火力比紫泥低,多用来制作紫砂壶胎体外的涂料,起点缀修饰的作用。此外,宜兴的能工巧匠们经过不断探索和创造,研发出各色新式紫砂调配泥品种。如段泥,是通过混合紫泥和绿泥调配出来的,呈葵黄色,段泥也是制作当代宜兴紫砂壶的主要原料之一。宜兴紫砂壶的结构式样十分精巧,主要包括壶身、壶盖、壶钮、壶嘴、壶把和器足六个部分,这六个部分各自单独成型,采用"片接法"粘接在一起,构成一个完整的壶体。

图 3-118　曹竞方《沁泉壶》

图 3-119 马建《井栏壶》

　　明代至清代,壶身体积在不断变小;到了当代,壶身大小、风格各异,千变万化。紫砂壶盖主要分为嵌盖、截盖、压盖三类,三种类型均满足视觉性和功能性的要求。壶钮是为方便人揭开壶盖而设计的,对紫砂壶的造型起着画龙点睛的作用。常见的壶钮有珠形钮、球形钮、瓜果形钮、动物形钮、植物形钮等。壶嘴是紫砂壶功能性发挥得好坏的重要部件。为了保证出水顺畅,宜兴紫砂壶的壶嘴设计得非常精巧,从壶嘴外形看,大致可以分为直嘴、一弯嘴、二弯嘴、三弯嘴、鸭嘴五种类型。壶把是为手持壶身而设计的部件,也是紫砂壶功能性的重要体现,主要分为提梁、端把、横把三种基本样式。器足是紫砂壶结构的基础构件,也是重要的承重部件,其设计关系到紫砂壶的平稳度。自明代以来,宜兴的紫砂工匠们非常注重紫砂壶器足的设计制作,基本采用明接和暗接两种粘接方式制作而成。紫砂壶的器足分为钉足、一捺底、加底三种类型。几百年来,宜兴的紫砂工匠们不断发挥创造力,设计出多种形状各异的紫砂壶器足类型,充分体现宜兴紫砂工艺的创意和精湛。

　　宜兴紫砂壶的式样丰富,造型别致,凝聚着历代紫砂匠师们的才艺和智慧。历经几百年的发展,宜兴紫砂壶的造型式样已多达百种。最基本的式样可分为三类,即"光货""花货"和"筋囊货"。"光货"类别的紫砂壶多为几何形体造型,此类造型源自立方体、长方体、球体、筒形及其他几何形体,充分讲究点、线、面的结合。"光货"具体的造型还可以划分为"圆器"和"方器"两类。"圆器"造型的紫砂壶形体呈圆形或者椭圆形,壶身比例协调,线条流畅。"方器"造型的紫砂壶呈四方体、六方体、八方体形态,线条讲究平整方正、流畅得体。当代宜兴流行的"光货"造型的紫砂壶作品主要有掇球壶（图3-120）、亚明四方壶（图3-121）、汉扁壶、僧帽壶等类别。"花货"类别的紫砂壶造型源自生活和自然界中的器物、花卉、蔬菜、瓜果等形态。花货类别的紫砂壶是紫砂工艺和人与自然的完美结合，意趣十足。主要壶型有寿桃壶（图3-122）、葫芦壶（图3-123）、荷叶壶、得瓜壶（图3-124）、葡萄壶（图3-125）等类别。"筋货"类别的紫砂壶源自瓜果、花瓣的筋囊纹理形态，其造型讲究等分均匀，线条纹理规则。主要壶型有瓜菱壶、菱花壶（图3-126）、沁泉壶（图3-118）、海纳百川壶（图3-127）、合菱壶（3-128）等类别。除了以上三种基本式样，"半瓢壶"（图3-129）也是宜兴紫砂壶的一类具有代表性的紫砂壶品类。其造型借鉴了古代的青铜器、陶器、秦砖汉瓦、生活用具、动植物等原型，融合了金石文化、书画文化的艺术特性，富有创意，也充满艺术情怀。

图3-120　应勤峰《掇球如意壶》

图3-121　孙泽华《亚明四方壶》

图 3-122　吴燕萍《硕桃壶》

图 3-123　周益芳《葫芦壶》

图 3-124　黄璜《得瓜壶》

图 3-125　韩惠琴《葡萄壶》

图 3-126　楚翔炜《四蹄菱花壶》

图 3-127　嵇锁平《海纳百川壶》

图 3-128　马莲翠《翠玉合菱壶》

图 3-129　庄冬艳《明艳壶》

宜兴紫砂壶是历代文人画师和紫砂工艺师智慧和工艺的结晶,它凝聚了中国古代绘画、陶艺、书法篆刻、织锦等传统元素,融汇了古今社会生活的方方面面,是文化和艺术的完美融合,也是中华民族珍贵的文化遗产。

第三节　民族非遗类

一、民族文物

民族文物是各个民族在长期的历史发展过程中遗存下来的遗物、遗迹,包括古墓葬、寺庙、石窟、壁画、民居等不可移动文物,以及博物馆收藏的可移动文物,如器物、服饰、绘画、宗教信物。海南民族文物,包括海南从古至今的全部民族文物,包括生产生活工具、建筑、民俗用品、传统服饰、宗教用品等。这些民族文物是反应海南黎族、苗族、回族、汉族等民族物质文化和精神文化的珍贵遗存。

海南岛除了世居的黎族、苗族、回族、汉族,还有侗族、瑶族、壮族等民族,共30多个民族。各民族同胞共同生活在这个海岛上,形成了多姿多彩的海岛文化,使海南的社会风貌丰富多样,民族文化多姿多彩。黎族是海南人口最多的少数民族,也是能歌善舞的民族。勤劳智慧的黎族同胞很早就掌握了棉纺黎锦技术。元代女纺织家黄道婆的纺织技术就是向黎族人学来的。此外,黎族同胞还学会了泥陶技术、钻木取火技术,会制作船形屋、树皮衣,而这些被称为海南历史文化的"活化石"。

图3-130　清代黎族凤鱼图龙被

龙被是黎族人民制作的纺、织、染、绣四大工艺过程中难度最大的一类织锦工艺品,是黎族人民进贡给历代封建王朝的珍品之一。龙被通常有单幅龙被、双联幅龙被、三联幅龙被、四联幅龙被、五联幅龙被几种形式,其中三联幅(图3-130)居多。织龙被的机械主要有两种,一种是踞腰织机,另一种是脚踏织机。踞腰织机所织的龙被花纹图案比较传统,色彩单一,数量较少。使用脚踏织机织龙被,是旧时一种比较先进的织法。脚踏织机所织的龙被质地厚、质量好,比较流行。龙被的图案主要有动物纹饰(龙、凤、鹿、公鸡、鲤鱼、青蛙、喜鹊等)、植物纹饰(木棉花、龙骨花、梅花、竹、青草等)、自然界纹饰(雷公、闪电、太阳、月亮、星星、流水、田野、大海、蓝天等)、生产工具纹饰(竹箩、米筛、钩刀、镰头、小桶、脸盆等)、人物纹饰、汉字纹饰等类别。纹饰图案色彩不同,用途也不相同:红色多用于红事,如婚礼拜堂、子女祝寿、盖房升梁;黑色多用于白事,如丧事、盖棺。龙被纹饰图案的内容,都是黎族祖宗崇拜的意识形态与日常生活中提炼出的审美意向结合而成的,蕴含着丰富的黎族文化内涵。

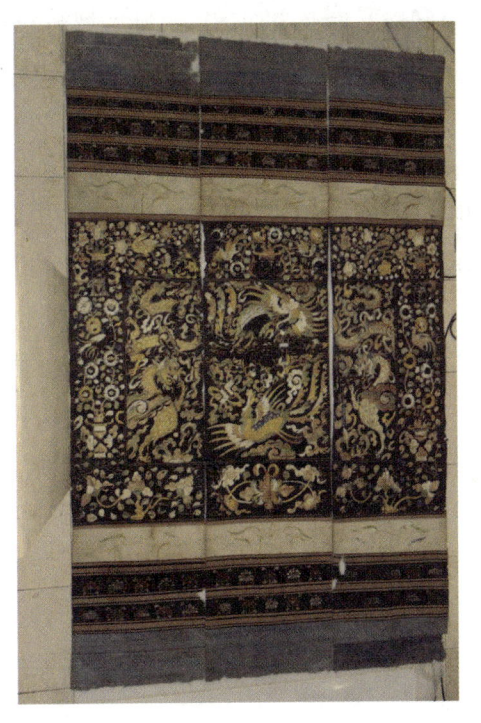

图3-131 清代黎族龙凤呈祥图龙被

图 3-132　清代黎族五龙出海图龙被

馆藏的清代黎族五龙出海图龙被(图 3-132),长 176 厘米,宽 116 厘米。此龙被为手工织绣,由三幅彩锦连缀而成。纹饰区域被分割成三个部分,并用"卍"字连续纹带组成的长方形方框把图案分割为主题纹饰和辅助纹饰。内侧主体图案为五龙出海,中间有一条正面龙,四周分布蓝龙和黄龙共四条,龙纹之下为波浪纹,波浪纹正中有一龙门。外侧为喜鹊登梅和花草纹组成的辅助纹饰,构图严谨,色彩艳丽,层次分明,款式多样。龙被传达了黎族人民的意识形态和宗教观念,也体现了黎族人民高超的织锦技艺。

《峒溪纤志》载:"黎人取中国彩帛,拆取色丝和吉贝,织之成锦。"[1]黎锦是以棉线为主,麻线、丝线和金银线为辅交织而成的织锦,其经线多采用缬染法(即扎染)制作而成:在一个扎线架上编好经线,然后用纱线在经线上扎结,染色后拆去纱线,即出现蓝地白花的图案,再织进彩色的纬线。黎锦的品种有妇女筒裙、上衣、裤料、被单、头巾、腰带、挂包、披肩、鞋帽等。黎锦的图案有马、鹿、斑鸠、蛇、青蛙、孔雀、鸡,以及竹、稻、花卉、水、云彩、星辰等 100 多种,大多由简单的直线、平行线和方形、三角形、菱形等几何图形构成。在色彩上,黎锦善于明暗间色,运用青、红、黑、白等色互相配合,形成色彩对比强烈的艺术效果。黎

---

[1]《峒溪纤志》作者陆次云,生卒年不详,字云士,浙江钱塘(今浙江杭县)人,生活于康熙时期。

锦纹饰是黎族社会的意识形态、生活风貌、文化习俗、宗教信仰及艺术审美的综合体现,充分展示了黎族妇女精巧的纺织技艺。

黎族哈方言有12个分支,主要分布在乐东、东方、陵水、三亚、昌江等地,少量分布在白沙、保亭、琼中、儋州等地。因此,在黎族妇女服饰中,哈方言妇女服装式样最多,花纹图案最为复杂。哈方言女子服饰上衣(图3-133)通常以黑色长袖衣为主,直领,对襟,无纽,前襟长,后襟短。下身为筒裙(图3-134),布满花纹。哈方言织锦图案多以人形纹、动物纹为主,以植物和其他纹样为辅,特点是造型生动、构图饱满、色彩艳丽。

图3-133 黎族哈方言女子上衣

图3-134 黎族哈方言女子筒裙

黎族润方言大部分分布在白沙地区。黎族润方言妇女上衣（图3-135）较为独特，宽大稍短的"贯头衣"款式，长袖，无领，无纽。领口为"V"字形，分中央前后开口和中央前开口两种形制。上衣两侧、衣襟下边沿、衣背下半部均以白沙润方言独有的"双面绣"技艺绣上宽边横幅花纹，衣背横幅宽边上方绣有图腾标志的植物花纹。润方言妇女下穿短而窄的筒裙（图3-136），这种短而窄的筒裙不像黎族其他方言妇女筒裙那么宽大。它根据各人的身材缝制，一般要求裙子紧贴腰部，不扎腰带，裙脚长及大腿，上不能遮小腹，是黎族筒裙中款式最古老的形制。润方言织锦线条清晰，图案以人形纹、龙纹为主，以动物纹、植物纹为辅。龙纹在润方言妇女的上衣图案中最为普遍。

图3-135　黎族润方言女子上衣

图3-136　黎族润方言女子筒裙

黎族杞方言主要分布在琼中、保亭和五指山,少数分布在乐东、昌江、白沙、陵水、三亚和东方等地。服饰的种类和式样因区域分布的不同呈现出不同的特点。杞方言妇女上衣(图3-137)为黑色或深蓝色的中长袖,对襟,开胸,无领,无纽。对襟处有一排圆形银质纽扣作为装饰,上衣用白布镶边,衣前有袋花,衣后有腰花,衣背下摆和袖口有精美多样的彩色图案。及膝中筒裙(图3-138),以三幅布缝接而成,裙头黑色素面,裙身、裙尾通体织花,图案精美。杞方言织锦图案侧重于描绘人的形态以及舞蹈、生产劳动等场面,以此表现平安和人丁兴旺。筒裙的花纹图案较多,有些筒裙为了突出主要花纹,会沿织布边绣上亮度较好的颜色,当地人称为"牵"。

图3-137 黎族杞方言女子上衣

图3-138 黎族杞方言女子筒裙

黎族赛方言主要分布在保亭、陵水等地，是五大方言中人数最少的方言，少数分布于三亚、儋州。赛方言服饰受汉文化的影响，上衣（图3-139）类似于旗装，下为筒裙。赛方言妇女服装较为统一：上穿蓝色或深蓝色长袖右衽高领衣，下穿长而宽的筒裙（图3-140）。裙长及小腿下部，由四条织锦缝接。赛方言织锦图案多出现在裙身和裙尾，图案多用人形纹、青蛙纹，在黎族人的观念里，青蛙象征着繁衍生息，所以蛙纹常装饰在赛方言筒裙上，另装饰云母片、蚌壳、羽毛，寓意吉祥如意。

图3-139 黎族赛方言女子上衣

图3-140 黎族赛方言女子筒裙

黎族美孚方言分布在东方、昌江境内，妇女服装较为统一，没有地方差别。美孚方言上衣（图3-141）为黑色或深蓝色，短领，长袖，开胸，无纽，仅用一根小绳代替纽扣。衣领绣长方形彩边，上衣两侧缝口和袖口以白色布条镶边。美孚方言妇女下穿以绊染技术织造的宽大筒裙（图3-142），长及脚踝，是裙长最长的黎族筒裙，最长可达150厘米。穿时在前边或侧边打褶向下窝边，筒裙由五幅织锦缝接而成，黑白相间的花纹呈现出不同层次的色晕，韵味独特。美孚妇女头巾很有特色，黑白相间，没有任何花纹，简单美观，佩戴时在头后打结。美孚方言女子筒裙在图案上多出现人、鹿、鸟和花卉。在黎族美孚方言地区，鹿象征福禄，有着美好的寓意，鹿纹在筒裙上较为常见。

图3-141 黎族美孚方言女子上衣

图3-142 黎族美孚方言女子筒裙

海南三亚回族来源基本分为两个：一是唐朝时从海路来海南的阿拉伯人，这从海南本土考古发掘的一些古墓群已经得以印证；二是三亚回族祖先从柬埔寨逃难到越南，再从越南占城经海路到海南，在今天的回新村逐步形成了三亚回族族群。三亚回族有自己的语言——回辉话，这是一种世代沿袭下来的没有文字的独特语言：既继承了迁入前的先祖语言——母语，又有迁到海南后在与其他民族的不断交往中吸收的其他民族（汉、黎）的个别语言，还有用波斯语及阿拉伯语音译过来的宗教用语。总之，源远流长的三亚回辉话，是我国回族历史与语言文化的一个分支，也是整个中华民族历史文化遗产的一部分。海南回族妇女传统婚礼服饰（图3-143、图3-144）通常为卷边小领，两袖为驳袖，下摆呈半弧形，开右侧斜襟。对襟上有距离不等的银（布）纽扣做装饰，上面还刻有花纹或图案。衣服用镶满鳞片的丝绸面料制成，颜色多为红色或蓝色。太阳一照，鳞片就闪闪发光，绚丽多彩，耀眼夺目。

图3-143 海南回族新娘服装上衣

图3-144 海南回族新娘服装上衣

苗族是海南省三大少数民族之一,省内现有苗族人8.1万人,208个村落,遍布海南省琼中、屯昌、琼海、保亭、万宁、五指山、三亚、乐东、定安、东方、白沙、昌江、陵水、儋州、澄迈15个市县。海南省的苗族大部分是明代从广西作为兵士征调而来,后落籍海南的,史志称之为"苗黎"。根据清光绪版《崖州志》记载:"又有一种曰苗黎,凡数百家。常迁徙于东西黎境,姑偷郎、抱扛之间,性最恭顺。时出城市贸易,从无滋事。盖前明时,剿平罗活、抱由二峒,建乐定营,调广西苗兵防守,号药弩手,后营汛废,子孙散外山谷,仍以苗名,至今犹善用药弩。"①《琼州府志》《感恩县志》等地方史料中也有类似的记载,这说明早在明代,苗族就已经在海南落籍了。

图3-145 苗族女子盛装帽子

馆藏的苗族女子盛装帽子(图3-145),直径16厘米,长103厘米;苗族女子盛装上衣(图3-146),通长144厘米,宽46.5厘米;苗族女子盛装裙(图3-147),裙长53厘米,宽42厘米。帽子用两块黑色绣花方巾叠衬成圆顶,再由一捆红色长条绳捆扎固定,并垂下长长的流苏,秀丽庄重。上衣为靛蓝色对襟开胸或略向右开的无领长衫,衣的两侧开有约30厘米长的祺夹,领口用五色彩线绣出花纹,用粉红彩线锁口。外层有小白边,配流苏装饰盘扣。胸襟、袖口、衣祺用红布缝边并绣上图案,且点缀各色小亮片。衬裙为蓝黑色过膝短裙,用一块棉布经两层叠缝而成,裙上部有同色细绳,穿着时用于绑扎固定。裙下摆有蜡染的醒目的锯齿状"大青山"纹饰,这是海南苗族最典型的纹饰,边饰有树形

---

① [清]张嶲、邢定纶、赵以濂纂修,郭沫若点校:《崖州志》,广东人民出版社,2011年版。

及各类几何纹装饰。

图 3-146　苗族女子盛装上衣

图 3-147　苗族女子盛装裙

二、非遗文物

海南非物质文化遗产是海南历史文化的重要载体,也是海南各族人民世代相承的传统文化符号,主要包括历史文化建筑、名村镇、名街区、名作坊等不可移动文物,以及传统音乐、传统戏曲、传统舞蹈、民俗活动、礼仪节庆、传统手工艺等。面对濒临消失的海南非物质文化遗产,我馆通过征集等途径对海南本土的非物质文化遗产进行保护和抢救,从而使海南非物质文化遗产世世代代传承下去。

海南民间文化丰富多彩,很多民间节庆活动源自久远的华夏历史文化,且颇具地方特色,如发源于春秋战国时期的香文化,汉代之后在两广地区流行。现在琼山府城地区每年正月十五的换花节,就源于古代中原地区的换香习俗。在海口及琼北地区,每年农历二三月是纪念我国南北朝时期的著名政治家、军事活动家"岭南圣母"冼夫人的重要时节。每年此时还有闹军坡的习俗,也称军坡节,其范围广、规模大、影响深远,已经成为当地的一大旅游品牌。大家熟知的曲调优美、脍炙人口的歌曲《万泉河水清又清》,其旋律格调源自流行几百年的五指山的山歌。儋州的《调声》、临高的《哩哩美》等民间歌舞,则与我国云南纳西族的民间歌舞《喂默达》《阿哩哩》《打跳舞》等有着异曲同工之处,这表明中华文化生生不息,相互传承。

图3-148 黎族水平织机

黎族水平织机(图3-148)也称脚踏织机,是黎族传统织布工具,是在踞腰织机的基础上发展演变而来的。其外观为长方形木质机器,由机头、滚板、综杆、踩棍、滚棒等部件组成。织机采用通经断纬的方式,经牵线、装筘、捡花、挑织等程序,一升一降,每次投梭引渡纬线,奇数和偶数的经线轮流交替成为底经和面经,持续不断地织成黎锦。

黎族藤凳(图3-149)是黎族传统生活用具,凳面用藤篾编织而成。凳子通常就地取材,竹棍交叉作为凳柱。藤编技艺在黎族民间广为流传,黎族居民们从山上砍来山藤,削成藤篾,经处理后编成各种各样的藤器,用于盛放衣物、谷子、食物等生活必需品。

图 3 – 149　黎族藤凳　　　　　　图 3 – 150　黎族渡水葫芦

黎族渡水葫芦（图 3 – 150）又称葫芦舟，是黎族特有的渡水工具。一般选用有柄的圆形葫芦制作，通常高 40 厘米至 60 厘米，腹径 30 厘米至 50 厘米。葫芦顶端开口，置一盖子，可将衣物塞入；葫芦周身套上编织藤条，保护葫芦不受碰撞，且增大摩擦力，便于人在游行中抱紧。

图 3 – 151　黎族树皮帽子

黎族树皮布是一种无纺布，是以含植物纤维较丰富的见血封喉树皮、构树皮为原料，经过扒树皮、拍打、浸泡等多道工序加工制作而成的布料，用于制作衣服、被子等。树皮布被誉为"服装活化石"，它证明了人类衣物从无纺布到有纺布的发展历程。该制作技艺入选第一批国家级非物质文化遗产保护名录。

图 3-152　民国时期的黎族独木针线盒

馆藏的黎族妇女针线盒（图 3-152），由独木雕制而成。盖由两端对应的轨道滑开，盒内可装针线等织绣工具。木盒六面条块分割，分别雕刻有各种细密的几何图形、花卉纹样，精致美观，是见证黎族妇女手工织绣的珍贵文物。

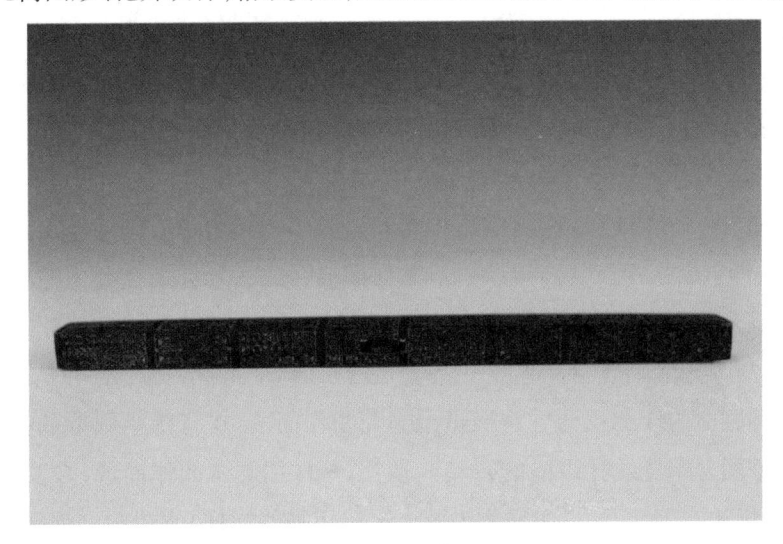

图 3-153　黎族刻花踞腰织机

黎族刻花踞腰织机（图 3-153），又称"腰上织布机"，是黎族传统纺织工具，由腰力棍、打纬木刀、拉经棍等构件组成。在织布时绑着藤腰带席地而坐，用双足踩织机经线木棍,右手拿打纬木刀打紧纬线,左手做投纬引线的姿态,如此反复即可织造成美丽的黎锦。踞腰织机作为黎族妇女使用的古老的纺织工具,一直沿用至今。

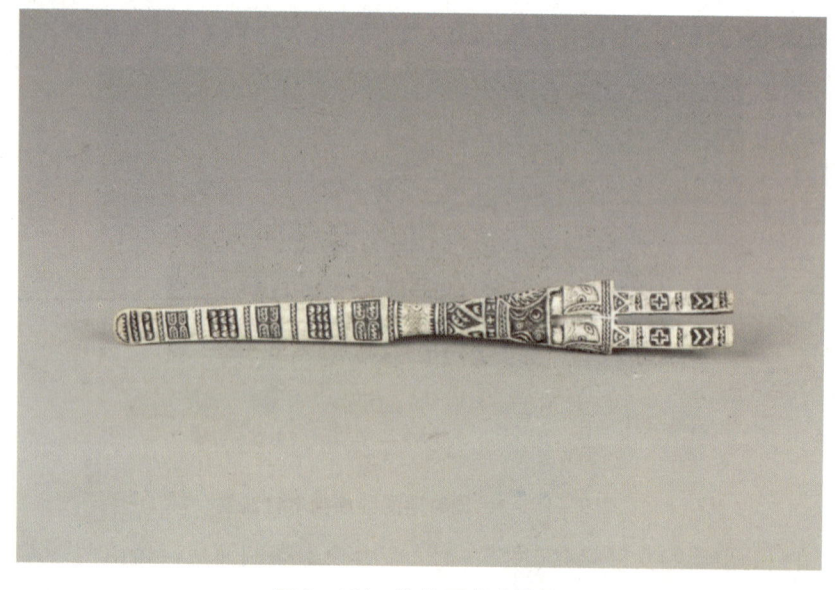

图 3 - 154　黎族双人头骨簪

骨簪(图 3 - 154)是黎族润方言妇女特有的珍贵头饰,通常用兽骨或牛骨经数道工序雕刻而成,外形较为平直,上部多为一侧身男性人像,下部装饰各类几何花纹。此件骨簪上部为双人头像,长髻耸立,容貌威严,传说为黎族英雄人物。其材质独特,造型新颖,雕刻细致,墨线勾勒的纹饰精美细致。此骨簪是黎族骨器制作之佳品。

调胡(图 3 - 155)是琼剧演出中伴奏的高音拉奏乐器,音色高亢,又称为"首手",即首席乐手。共鸣筒以竹节制作而成,琴头、琴杆用花梨木制作而成,琴头雕成龙首形。传说龙生九子各有所好,九子之一"囚牛",喜好音乐,常蹲立于琴头,故琴头雕刻成龙首造型。椰胡(图 3 - 156),也称"椰壳胡",是琼剧、八音乐队等剧曲的伴奏乐器。共鸣箱由椰壳制作而成,在背部半圆形的椰壳上,开有镂空团寿字花纹孔组成的音箱。琴头、琴杆用硬木制作而成,琴头呈如意形,镶嵌绿松石等宝石,以牛筋丝为弦。琴弓用细竹制杆,两端拴以剑麻纤维做弓毛。椰胡音色柔和浑厚,动人心弦。

图 3 – 155　调胡

图 3 – 156　椰胡

图 3 – 157　琼剧戏服——小生服

图 3 – 158　琼剧戏服——大龙袍天子服

琼剧是海南省唯一的地方大戏,清代时称为"土戏"或"海南戏",琼山、海口一带称为"斋",海外侨胞则称之为"琼州戏""琼音"。清代咸丰年间,梆簧声腔传入海南,琼剧在吸纳外来戏曲艺术的基础上逐步发展更新,演化成以板腔体为主,兼有少量的曲牌,用海南话演唱的一个地方戏曲剧种。与此同时,琼剧艺人编写的剧目也大量涌现。光绪二十三年(1897)前后,军戏、青楼戏衰落,并入琼剧班,形成文武大班的体制。琼剧中有文戏佬倌和武戏佬倌两大系统。民国时,琼剧编演文明戏,变革唱腔,向写实靠拢。中华人民共和国成立后,琼剧迎来改革发展的新时期,挖掘整理了大量的传统剧目、唱腔、曲牌和表演程式,编演了一批新剧目,又创新了一批有特色的板腔,行当体制也精简为生、旦、净、丑、末五大行。琼剧是海南人民世代发展传承的一种地方戏曲文化,历史上曾给海南的发展带来了很大的影响,在人类学、民俗学、区域文化学和国际文化交流史等方面都具有重要的研究价值。

图 3 - 159　文昌公仔戏木偶——文生　　　图 3 - 160　彩绘木偶像——旦角

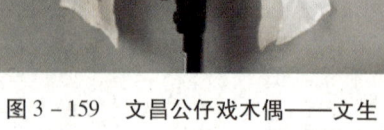

文昌公仔戏是富有海南地方特色的传统表演艺术品种之一。公仔戏也叫木偶戏,木偶(图 3 - 159)头部用木头雕刻而成,头戴帽子、发簪,身穿长袍,其表演行当包括生、旦、净、末、丑、佛教、道教神仙 20 多种。公仔戏的演出舞台较

为简便:用木板或桌子搭成一丈见方的戏台,用布幔围遮,台挂幕布,表演者在幕后一边唱戏一边操纵木偶在幕前表演。人偶戏是琼剧艺术的缩影,其唱腔、音乐、表演程式都与琼剧一样,临高人偶戏是海南省的一种民间艺术,源于南宋末年。临高的先民们求神拜佛、逐鬼驱邪时,皆用人型杖头木偶。光绪十七年(1891)续修的《临高县志》记载:"临俗多信奉神道,不信药医。每于节例,端木塑于肩膀,男女巫唱答为戏。"故人偶戏又称佛子戏。其表演特点为幕台不设布幛,演员手擎木偶化装登台,人与木偶在台上共同扮演角色,以人的表演弥补木偶感情的不足。人偶戏以本地的民歌调为主要唱腔,人偶交叉表演,自成一派,优美动听。

图3-161　民国时期椰雕镶锡酒杯　　图3-162　民国时期椰雕镶锡酒杯

椰雕是以椰壳、椰棕、椰木为原料,用手工雕刻成的各种实用产品和造型艺术品。唐代刘恂《岭表录异》[①]记载:"椰子树,亦类海棕……有圆如卵者,即截开一头,砂石磨之,砂石磨之,去其皴皮,其斓斑锦文,以白金涂之,以为水罐子,珍奇可爱。"可见早在唐代就已出现关于海南椰雕的记录。明清时期,椰雕被作为珍品进贡朝廷,赢得"天南贡品"之誉。精美的椰雕工艺品制作过程极为烦琐,需经过设计、选材、开料、雕镂、造胎(铜或锡质等)、镶嵌、修饰或打磨、上漆或贴金、装饰(配套)等工序。[②] 雕制技艺中线刻、浮雕较为常见,多在椰器表面表现山水、人物、花鸟、书法等内容,漆贴以金彩,越显古朴素雅,独具海南乡土情趣。20世纪中叶以来,椰雕技艺在继承传统的基础上又有了新的提高。

[①] 《岭表录异》为地理杂记,全书共三卷。此书与《北户录》同为记述岭南异物异事,了解唐代岭南道物产、民情的有用文献。

[②] 林明体:《岭南民间百艺》,广东人民出版社,2008年版,第108-109页。

图 3-163　民国花瑰艺术木雕送子娘娘神像 　　图 3-164　清代花瑰艺术木雕关公神像

图 3-165　清代花瑰艺术木雕关公神像 　　图 3-166　民国花瑰艺术木雕黄大将军神像

花瑰,意指如花般绚丽的木雕,包括没有上颜色的雕塑和七彩雕画。花瑰艺术是以各种木质材料及树根为原料进行雕刻的艺术,也是海南民间对木雕神像、偶像、人物像等的俗称。花瑰艺术多选用纹路清晰、质地细密的花梨木、水沉木、菠萝格、绿楠木、紫檀、子京、坡垒、树根等木材进行雕刻,用七彩颜料描绘上色,有些甚至只打蜡上油,却表现出千百种雕塑形态。① 花瑰艺术的起源与宋代佛、道、儒的兴盛有关,因为佛、道、儒的各种神像都要靠花瑰老艺人制作。花瑰雕刻通常有线刻(阴、阳线刻)、浮雕(平面雕)、圆雕(三维立体雕)、透雕(单面、双面透雕)、镂空雕(基层相叠雕)、根雕等技法,花瑰艺术承载着历史、宗教、民俗信仰的许多信息,具有丰富的文化内涵和艺术欣赏价值。

---

① 沈志成:《海南文化遗存(下)》,南海出版公司,2014年版,第465页。

第四章 结 语

　　海南省博物馆1984年筹建，2008年开馆，至今已有37年时间。37年以来，我馆的征集工作从开始的萌芽状态发展到现在，已有由专业化的文博专业技术人员组成的技术部门，征集到各类历史文物及藏品近1万件，带动了海南省文博事业的蓬勃发展。对众多珍贵的历史文物及藏品的征集与保护，也让海南省博物馆不断成为全国文博行业和社会各界关注的焦点。笔者作为考古学专业毕业的研究者及藏品征集部的专业技术人员，在深化本专业领域研究的同时，也应该让研究成果惠及社会及文博爱好者。本书总结了海南省博物馆自筹建起到2020年以来征集工作的发展历程，全面总结概括了海南省博物馆征集工作的相关成果，对征集到的文物及藏品进行了深入的发掘和研究，探讨了海南省博物馆藏品征集工作存在的问题并提出了相关建议。希望社会各界人士对我馆历年征集到的文物及藏品有一定程度的认知和了解，也希望本书能够为将来海南省文博行业征集工作提供相关思考和参考价值。

第一节　海南省博物馆征集工作取得的成绩

　　海南省是我国海洋面积最大的省份，最初与祖国大陆连成一体。在人类出现的新生代第四纪，由于激烈的地质运动，海南北部与雷州半岛出现断陷，造成海南和大陆的连接地带断裂，分隔为离岛，最终形成了今天的海南岛。

　　海南岛历史悠久，人文资源丰富。根据考古资料记载，早在旧石器时代，三亚落笔洞就有人类活动的遗迹。我省的考古工作者近些年在东方、乐东、陵水、定安、五指山等地发现了新石器时代的贝丘遗址及桥山遗址。海南的原始先民们已经具备了先进的制陶技术，各类生产工具开始广泛运用。司马迁著《史记·南越列传》记载："戈船、下厉将军兵及驰义侯所发夜郎兵未下，南越已平矣。遂为九郡。"①明末清初著名学者顾炎武在《肇域志》中写道："汉武帝平南越，遣军往涨海洲上略得之，始置珠崖、儋耳二郡。"②以上历史文献可考证，公元前110年，海南正式成为我国的版图。几千年来，虽然历经朝代更替、政权变换，海南岛始终与我国的历史进程保持同步，海岛文化与中华文明一脉相承，与华夏文化息息相关。

海南省博物馆自2008年开馆以来，通过征购、捐赠、划拨、移交等多种途径，共征集到古代历史文物及当代各类工艺品9740件（套），目前在已定级的器物中，有一级文物51件（套），二级文物185件（套），三级文物1109件（套），不仅完善了我馆的文物结构及藏品类别，也为海南文博事业的长足发展奠定了基础。2012年12月，海南省博物馆成为第二批国家一级博物馆；2015年，海南省博物馆被授予"全国社会科学普及教育基地"荣誉称号；2017年5月18日，海南省博物馆二期开馆；2019年10月，海南省博物馆成为国家AAAA级旅游景区；2020年4月，海南省博物馆被授予"海南省民族团结进步模范集体"荣誉称号；2021年2月，海南省博物馆被评为第六届海南省文明单位。

第二节 海南省博物馆征集工作存在的问题

博物馆是一个具有展陈、征集、教育、珍藏、研究功能的公共文化服务场所，其功能建立在博物馆馆藏的基础上，藏品征集是博物馆藏品的主要来源。海南省博物馆是国内一座年轻的博物馆，其馆藏文物藏品质量总体上不算高，藏品展陈的规模也不算很大，文物藏品的学术研究水平总体上不是很高。我馆需要在征集方式、征集范围、征集思路等方面进行总结与思考，不断完善文物征集工作的经验和方法，探索一条适合我馆发展，有效提高馆藏文物藏品质量的征集途径。目前我馆征集工作存在的问题主要有：

---

① 《史记·南越列传》记述了南越王赵佗建国的史实及其四位继承者同汉王朝的关系，描述了汉武帝出师攻灭南越，将南越置于汉王朝直接统治下的过程。

② 《肇域志》是顾炎武"感四国之多虞，耻经生之寡术"而费二十年心血纂辑而成的地理总志。全书征引丰富，参阅的明代和清代地理书达一千余部，有很多是孤本或罕见本，为今人保留了大量可贵的地理资料，为我们了解明末清初的地理书籍提供了极有价值的信息。

一、征集任务繁重艰巨，专业技术人才缺乏

文物征集工作是一项长期性、系统性的工作，涉及面广，要求从事征集工作的人员具备较全面的专业知识和较高的业务素质，文物征集工作专业技术人员的数量和专业学术水平，是保障博物馆文物数量和质量的前提条件。从事征集工作的专业技术人员，不仅要有丰富的历史和文物知识储备，具备一定的文物鉴定能力，能够分辨文物真伪，确定文物级别，同时还要具备良好的沟通协调能力，能够与文物藏品收藏者进行有效的沟通，获取文物市场的最新动态信息，实行有效征集的方法。海南省博物馆藏品征集部承担着全馆文物及藏品征集工作，目前仅有工作人员4人，历史及考古学专业硕士研究生2人，取得副高职称以上的专业人才1人。人才的缺失，征集工作任务的繁重，造成很多征集工作难以开展，因此，我馆需要不断扩充专业技术人才队伍。

二、征集目标不明确，征集渠道单一

我馆自开馆以来通过征购、捐赠、考古发掘、移交、划拨、馆际交换等多种途径征集到各类历史文物及藏品，但很多时候我馆在征集过程中过多地参考其他省份博物馆的征集工作内容和条例，征集到的一些藏品不符合本省文化特性、本馆的文化定位，没有明确征集范围和标的，造成征集到的部分文物藏品与本馆性质、陈列展览脱节，和陈列内容背离，最终只能常年搁置于文物库房，导致文物藏品的展陈功能得不到发挥，征集经费得不到合理的配置和运用。随着《博物馆定级评估标准》的颁布，为了达到国家一级博物馆馆藏一级、二级、三级藏品的数量，只要是历史文物，我馆就去征集，征集目标不够明确。我馆征购文物的渠道也仅限于各省文物商店及本省几位收藏爱好者，我馆需要进一步拓宽征集渠道。

三、调研工作不严谨，征集工作流程烦琐

我馆文物征集的方式有征购、捐赠、考古发掘、划拨、移交等，任何一种征集方式都需要在征集文物前进行严格的调研工作，需要制订一个具体的文物征集方案和流程。我馆征集文物的基本流程是：根据馆藏文物体系和展陈需求，拟定文物征集计划，列出文物征集范围和标的，确定文物征集方式和征集经费；上

报上级主管部门研究通过后,发布征集公告;通过征集调研和招标等方式,对征集对象进行初步筛选,拟定征集标的;随机邀请省内外三名以上的文物鉴定专家对拟征集的文物及藏品进行鉴定和评估,出具专家鉴定评估意见;经馆务会议研究通过,报上级主管部门研究确定,最后签订征集合同。整个程序包括申请、上报、研究、确定等多道程序,保证了征集工作的规范性和严谨性。但有些程序需多次重复,工作烦琐,周期长。征集调研工作有时缺乏目的性,局限于省内外固定的文物商店及地点。我们在今后的征集工作中,需要更加严谨规范。

四、文物征集研究滞后

海南省博物馆征集工作近些年虽取得了一定的成果,但忽视了文物藏品的归纳、整理、研究等工作。本书出版之前,我馆尚未有关于征集工作的专著出版。本部门的工作人员对辛苦征集到的文物藏品只局限于把它们移交给藏品保管部,缺少对相关文物藏品背后的历史渊源及文化内涵进行进一步研究和发掘的意识,从而造成相关文物藏品研究滞后的现象。

第三节　意见和建议

我馆征集工作中存在的上述问题如果能得到解决,相信我馆馆藏文物藏品的质量将得到很大的提高,文物藏品数量也将增加。因此,笔者建议我馆在今后的征集工作中做到以下几点:

1.建立征集专业技术人才队伍,以全面、有效地开展文物征集工作,丰富本馆馆藏文物。首先,通过社会公开招聘,增加藏品征集部专业技术人员的数量,同时积极开展文博行业从业人员鉴定业务培训,全方面提高专业技术人员的业务水平和鉴定水平。其次,给相关专业技术人员创造好的学习条件,营造良好的学习氛围,鼓励和支持我馆藏品征集部的业务人员参加国家及省外文博机构举办的培训课程和业务学习,以提高业务人员的专业技能,从而更好地为我馆的藏品征集工作服务。再次,我馆要多和全国优秀的文博专业院校合作,发掘引进文博专业优秀人才,弥补考古学、博物馆学、文物鉴定、文物修复等专业人才的空缺。

2.征购方式涉及征集经费,某些征集项目资金数额较大,使得征集工作存在一定的腐败风险。为了保证征集经费得到安全合理的运用,杜绝腐败隐患,笔者认为应增强征集专业技术人员的廉洁守正意识,加强专业技术人员对《中国文物博物馆工作人员职业道德准则》的学习和认识,自觉提高防范意识,杜绝腐败行为发生的可能性。此外,还应邀请纪委或监委的工作人员作为博物馆藏品征集工作的监察员,参与到藏品征集工作中来,增加文物征集工作的公开度和透明度,保证征集工作廉洁、安全、高效地进行。

3.我馆要提高文物征集工作效率,合理、灵活地运用文物征集程序,要制订符合我馆定位的文物征集方案。在确保文物征集合法合规、公开透明的基础上,给予我馆藏品征集相关工作人员一定的自主权,确保工作人员在经费有限的前提下,征得更多有价值的文物藏品。特殊情况下,文物征集工作人员可以采用互联网传递文物藏品照片,并组织国内外文物鉴定专家通过照片对拟征集的文物藏品进行筛选。选定符合我馆展陈及研究需要的文物后,再邀请专家现场进行鉴定评估工作,出具专家鉴定意见,评估拟征集文物藏品的价格,办理相关征购手续,最后再移交给藏品保管部门,以提高我馆的征集工作效率。

4.藏品征集部专业技术人员对文物藏品的研究工作,不能仅局限于对文物藏品的征集,还要对征集到的文物藏品进行深层次的研究工作;不仅要经常与省内外的文博单位及从业者进行学术交流和经验交流,还要借助他人的研究经验和成果,解决我馆文物研究相关的学术问题。笔者建议由我馆领导牵头,通过举办学术讲座、出版学术刊物等途径和方式,增进我馆和省内外博物馆、文博机构、高校的学术交流与合作,提高我馆文物研究学术水平,改进我馆文物研究方法,扩大我馆在全国文博行业内的影响力。

参 考 文 献

[1]田梓榆.十四世纪前中国古代香具典型器研究[D].杭州:中国美术学院,2018.

[2]陈方圆.中国古代动物形香炉的设计研究[D].无锡:江南大学,2016.

[3]张金风.石质文物病害机理研究[J].文物保护与考古科学,2008(2):60-67.

[4]何海平,张亦弛.石质文物材质及分类概述[J].首都博物馆论丛,2011(9).

[5]徐跃.群雄争霸,铸剑技艺炉火纯青[N],内蒙古日报,2021-02-09(006).

[6]明启翔.海南黄花梨的材质美学和配饰设计研究[D].烟台:鲁东大学,2017.

[7]周海宽.清巨幅南宋鲁宗贵款芦雁图及其修复[J].收藏家,2009(8):33.

[8]高文杰.《龙舟大神宝像图》考[J].东南文化,2010(3):114-116.

[9]刘忠国.浅析中国的水陆画艺术[J].现代装饰(理论版),2011(9):91-92.

[10]林明体.岭南民间百艺:特选本[M].广州:广东人民出版社,2008.

[11]胡燕.宜兴紫砂发展历史及活态传承研究[D].南京:南京农业大学,2012.

[12]沈志成.海南文化遗存:下册[M].海口:南海出版公司,2014.

[13]苏易.紫砂壶收藏与鉴赏[M].北京:新世界出版社,2014.

后　　记

《海南省博物馆历年文物征集与研究》一书即将付梓之际，正值海南省博物馆建馆13周年，我馆将举办"琼州拾珍——海南省博物馆文物征集成果展"。作为海南省博物馆藏品征集部的一名专业技术人员，笔者有幸负责这次文物征集成果展陈文本的撰写工作。在文物征集成果展陈文本定稿完成后，笔者萌生了撰写本书的意向。

本书是海南省博物馆自筹建至今首部关于文物征集工作的总结概述及相关文物的研究专著。本书概括总结了海南省博物馆自筹建及开馆以来的征集工作，包括通过征购、捐赠、划拨、调拨、移交、考古发掘等途径征集到的文物及藏品。在总结征集工作成果的同时，笔者对相关文物和藏品进行了分类，并对相关文物及藏品进行了深入的研究。笔者在海南省博物馆从事藏品征集工作已有7年，本书也是笔者7年来的征集工作及文物研究工作的阶段性概括和总结成果。本书将指导笔者在今后更加深入地开展各项征集工作及文博相关工作。

在这里，笔者要感谢海南省博物馆的各位领导及同事多年来对笔者在工作上的指导、帮助和支持。

随着海南省博物馆征集工作的深入开展，征集工作成果势必会得到更加全面的补充，笔者也会不断加深对征集工作及文物的研究。

因相关文献资料和本人水平有限，本书难免存在疏漏和谬误，恳请各位专家学者批评指正，并请读者见谅。

方　波

2021年7月